MODERN HUMANITIES RESEARCH ASSOCIATION
CRITICAL TEXTS
VOLUME 44

EDITOR
MALCOLM COOK
(FRENCH)

Du Spiritualisme et de quelques-unes de ses conséquences

Albert Aubert

DU SPIRITUALISME ET DE QUELQUES-UNES DE SES CONSÉQUENCES

de
ALBERT AUBERT

Texte établi, avec Introduction et notes par
BARBARA WRIGHT

Modern Humanities Research Association
2014

Published by

The Modern Humanities Research Association,
1 Carlton House Terrace
London SW1Y 5AF
United Kingdom

© *The Modern Humanities Research Association, 2014*

Barbara Wright has asserted her right under the Copyright, Designs and Patents Act 1988 to be identified as the author of this work. Parts of this work may be reproduced as permitted under legal provisions for fair dealing (or fair use) for the purposes of research, private study, criticism, or review, or when a relevant collective licensing agreement is in place. All other reproduction requires the written permission of the copyright holder who may be contacted at rights@mhra.org.uk.

First published 2014

ISBN 978-1-78188-102-6

Copies may be ordered from www.criticaltexts.mhra.org.uk

*Ce livre est dédié à
Maximilian et à Alexandra
. . . pour plus tard*

Couverture : Antonio Canova, *Marie-Madeleine repentante* (1809)
  Saint-Pétersbourg, © Musée de l'Ermitage. Inv.no. N.sk.-1108.
  Marbre, 94 cm.
  Provenance : Acquis par l'État de la collection du duc de
    Leuchtenberg, 1922
  Photographes : Léonard Kheifets et Alexandre Koksharov.

REMERCIEMENTS

Ce livre est le dernier résultat des recherches que j'ai pu mener dans les très riches archives conservées par les descendants d'Eugène Fromentin. Ma première dette de reconnaissance est donc pour la mémoire d'Erik Dahl, arrière-petit-fils du peintre-écrivain. Avec ses descendants, il reçut en effet toujours avec une très grande générosité tous les chercheurs venus travailler dans le fonds Fromentin.

Pour l'établissement du texte, la mise au point de l'Introduction et certaines des multiples recherches sur la biographie lacunaire d'Albert Aubert, je suis surtout redevable à Olivier Szerwiniack, qui m'a été d'une immense aide. Je remercie aussi Roger Little, Patricia Little et Jeannine Verdès-Leroux, qui ont également accepté de lire le manuscrit original de ce livre et de me faire part de leurs commentaires, tous très utiles. Pour l'établissement de la biographie d'Aubert, je remercie Françoise Giteau et Pierre Ramseyer : tous deux m'ont indiqué des pistes extrêmement précieuses. Pour le contenu philosophique des essais d'Aubert, mon travail a été enrichi par de longues discussions, toujours fructueuses, avec William Hamrick. Pour les rapports avec l'œuvre de Jules Michelet, je suis très reconnaissante à Julie Meyers pour l'aide qu'elle m'a fournie.

Je tiens à signaler aussi tout ce que je dois au personnel des institutions suivantes : la Bibliothèque de Trinity College, Dublin ; la Bibliothèque nationale de France ; les Archives nationales ; les Archives de Paris ; Musée de l'Ermitage, Saint-Pétersbourg.

Aux éditions de la série « MHRA Critical Texts », sous l'égide de la Modern Humanities Research Association, Malcolm Cook et Gerard Lowe m'ont apporté un immense appui, dont je leur suis fort reconnaissante.

Enfin, je ne saurais oublier de mentionner les excellentes conditions de travail dont j'ai bénéficié à la Maison Suger, grâce auxquelles j'ai pu mener à bien à Paris les recherches nécessitées par la préparation de ce texte.

À tous ceux qui m'ont aidée de mille façons différentes, je voudrais que ce livre soit un moyen de leur dire, du fond du cœur, merci.

INTRODUCTION

∽

Les deux essais qui suivent[1] ont été transcrits à partir de photocopies d'un manuscrit d'Albert Aubert demeuré inédit depuis sa rédaction en mars 1840 et retrouvé par hasard parmi les papiers du futur peintre-écrivain, Eugène Fromentin.

Albert Aubert est un personnage mal connu, dont il a été possible de reconstituer partiellement la biographie grâce à de multiples recherches.[2] Albert Aubert était le pseudonyme de François-Siméon Aubert, né à Nantes le 22 mai 1819, fils d'un épicier. À Paris, où il était venu compléter ses études, Aubert fut d'abord élève du collège royal Henri IV, puis de l'École normale supérieure de 1839 à 1842[3] lorsqu'il fit la connaissance d'Eugène Fromentin (1820-1876) et de l'ami de celui-ci, Paul Bataillard (1816-1894). Fromentin, étudiant en droit, et Bataillard, élève de l'École des Chartes, tous les deux étudiants à l'Institut catholique, se rencontrèrent lors d'une excursion estudiantine à Saint-Cloud.

Ces jeunes gens discutaient ensemble de leurs études et de leurs lectures. De février à mai 1841, Fromentin et Bataillard préparèrent ensemble une étude de l'*Ahasvérus* d'Edgar Quinet (1833)[4] et l'année suivante Fromentin rédigea un autre travail sur Gustave Drouineau, avec un ami rochelais, Émile Beltremieux.[5]

---

[1] Les références à ces essais paraîtront entre parenthèses dans le corps de cette Introduction et renverront aux textes qui suivent.

[2] Bien qu'il soit peu connu, Albert Aubert est tout de même mentionné dans l'ouvrage d'Herbert James Hunt, *Le Socialisme et le romantisme en France : Étude de la presse socialiste, de 1830 à 1848*, Oxford, Clarendon Press, 1935, pp. 174, 177-78, 204, 224, 328.

[3] Dans l'*Almanach de l'Université royale de France*, en 1841 François-Siméon Aubert, du collège royal Henri IV, figure parmi les élèves de l'École normale : « Section des lettres, 2ᵉ année, à demi-bourse ». Pendant ses études rue d'Ulm, Aubert obtint sa licence en avril 1841. Il termina troisième des élèves de la Section des Lettres en 1842.

[4] Eugène Fromentin et Paul Bataillard, *Étude sur l'« Ahasvérus » d'Edgar Quinet*, édition critique par Barbara Wright et Terence Mellors, Genève, Droz, 1982. Cette étude, datée de « Paris, mai 1841 », demeura inédite du vivant des deux auteurs, même si Bataillard fit cavalier seul, en publiant, dans le périodique *Les Écoles* de 1845, une étude intitulée « L'Œuvre philosophique et sociale de M. E. Quinet », dans laquelle il se concentra surtout sur l'ouvrage de Quinet, *Du génie des religions*, publié en 1842. Dans son article, « Paul Bataillard, un ami oublié d'Edgar Quinet », *Revue d'histoire littéraire de la France*, 32, 1932, pp. 204-25, Olimpio Boïtos précise que Paul Bataillard témoigna de son admiration pour Edgar Quinet en lui envoyant des vers en 1841. Celui-ci lui fit la réponse suivante : « Je crains de ne vous avoir pas assez exprimé à quel point j'ai été touché et heureux d'une sympathie aussi sincère que la vôtre. Permettez-moi de conserver ces vers comme un gage d'une affection durable » (p. 208).

[5] Eugène Fromentin et Émile Beltremieux consacrèrent, en 1842, une étude à leur compatriote, Gustave Drouineau (1798-1878) : *Gustave Drouineau*, éd. Barbara Wright, Archives des lettres modernes, 97, Paris, Minard, 1969.

C'est dans ce contexte de discussions qu'Aubert dut remettre ses deux essais à Fromentin pour d'éventuels commentaires, en vue desquels il laissa une marge égale à la moitié de la largeur de chaque page. Le second essai est conçu, au moins en partie, en réponse à une question que lui auraient posée ses amis : pour être heureux, l'homme doit-il avoir de l'ambition ? Tout comme Fromentin et Bataillard soumirent leur étude de l'*Ahasvérus* à Quinet en 1841, sans en obtenir de réponse, Aubert dut soumettre son manuscrit à Fromentin en 1840, mais on n'a aucune trace d'une réponse de ce dernier. Le manuscrit est demeuré dans les archives des descendants de Fromentin jusqu'au décès de l'arrière-petit-fils du peintre-écrivain. Les deux essais qui suivent n'auraient jamais vu le jour si des photocopies n'en avaient été faites avant la dispersion des papiers que les héritiers de Fromentin s'étaient transmis dans leur intégralité grâce à une succession d'enfants uniques et qui continuent à enrichir nos connaissances du peintre-écrivain, de son entourage et de son époque. Il est en effet peu vraisemblable que les originaux des deux essais aient été conservés.

Tout comme Fromentin et Bataillard, Aubert, lui aussi, semble avoir subi l'influence de Quinet, puisque les deux essais qu'il rédigea en 1840 portent l'empreinte de ce penseur. Il est fort probable qu'Aubert, comme ses deux amis, était partisan de Quinet, de Michelet et de l'apôtre de l'éclectisme, Victor Cousin, dont les cours à la Sorbonne, pendant la monarchie de Juillet, lui valurent d'être salué comme « roi des philosophes », sur le modèle de Louis-Philippe « roi des Français[6] ». En effet, l'éclectisme idéologique de Victor Cousin, fondé sur de multiples philosophies, et son souci de concilier rationalisme et religion, reflétaient à merveille le régime politique du compromis qui caractérisait le règne de Louis-Philippe. Sa philosophie, faisant de la raison le critère de toute vérité, mais respectant toutes les valeurs spirituelles et religieuses, donna lieu à un relativisme qui ne pouvait que déplaire à l'Église catholique et provoqua la lutte menée par celle-ci contre l'Université à partir de 1840.

Ernest Renan, dans un article paru en 1858, sur l'« influence spiritualiste » de Victor Cousin,[7] montre bien comment celui-ci s'attacha à défendre la liberté de l'esprit contre les matérialismes de tous ordres, notamment de la pensée philosophique, laquelle se trouvait à la fin du XVIIIe siècle et au seuil du XIXe, « en quelque sorte atrophiée et réduite à un chétif exercice d'école[8] ». Le mouvement « spiritualiste » trouva sa formulation classique chez Maine de Biran et son prolongement éclectique chez Royer-Collard, Théodore Jouffroy et Cousin, mais, selon Renan, « nul n'y contribua plus que M. Cousin[9] », dont le but n'était pas

---

[6] Éric Puisias, *La Naissance de l'hégélianisme en France*, Paris, L'Harmattan, 2005, p. 143.
[7] Ernest Renan, « De l'influence spiritualiste de M. Cousin », *Revue des deux mondes*, 1er avril 1858, pp. 497–520.
[8] *Ibid.*, p. 501.
[9] *Ibid.*, p. 502.

« de créer une doctrine originale, mais de donner une forme éloquente et en un sens populaire aux grandes vérités de l'ordre moral[10] ». Pour Renan, Cousin était « avant tout un écrivain, un orateur, un critique, qui s'est occupé de philosophie[11] ». De nos jours, Jean Lacoste, reprenant ces thèmes,[12] a montré comment la philosophie éclectique et spiritualiste, « pauvre dans ses effets et chétive dans sa constitution », a été « celle qui s'est le plus institutionnalisée[13] » en France, subissant d'importantes modifications entre les mains d'illustres enseignants à l'École normale supérieure, tels que Ravaisson, Lachelier et Renouvier, pour atteindre son sommet dans l'œuvre de Bergson, « le seul grand métaphysicien incontestable du XIXe siècle français », « celui qui remplit les promesses du romantisme en élaborant une philosophie de la nature et de l'esprit qui n'est pas en contradiction avec les enseignements et les méthodes de la science du vivant[14] ».

Michelet (1798-1874), qui avait déjà traité des ouvrages des philosophes écossais, Thomas Reid et Dugald Stewart, et dont la traduction française de *La Philosophie de l'histoire* de Vico avait paru en 1827, fut nommé à une chaire d'histoire et de morale au Collège de France en 1838. Il y fut rejoint en 1841 par Edgar Quinet, qui occupa la chaire de langues et littératures étrangères du Midi de l'Europe. Sous la monarchie de Juillet, les clercs et les laïcs catholiques luttaient pour la reconquête d'une société laïcisée sous l'influence des doctrines philosophiques enseignées par Victor Cousin et les autres maîtres de l'Université. D'autre part, tout un courant de pensée à cette époque, jugeait que, pour réaliser les buts de la Révolution de 1789 ou pour mettre en œuvre les doctrines de l'Évangile,[15] il fallait distinguer le christianisme du Christ de celui du Pape : d'aucuns, comme Henri de Saint-Simon et ses disciples, envisageaient une nouvelle religion, le « Nouveau Christianisme[16] » (1825) ; d'autres, l'espoir d'une régénération de l'humanité grâce à une intervention divine, qualifiée par Ballanche de « palingénésie[17] » ; d'autres enfin, comme Quinet, une transformation naturelle et progressive de l'humanité qui remplacerait la foi

---

[10] *Ibid.*, p. 505.
[11] *Ibid.*, p. 506.
[12] Dans l'Avant-Propos d'un numéro spécial de *Romantisme*, intitulé « De Cousin à Renouvier : Une philosophie française », 1995, n° 88, pp. 3–6.
[13] *Ibid.*, p. 4
[14] *Ibid.*, p. 3.
[15] Dans la Préface de l'*Histoire parlementaire de la révolution française ou Journal des Assemblées nationales depuis 1789 jusqu'en 1815*, Philippe Buchez et Prosper Roux-Lavergne affirment que la Révolution tenta de « réaliser socialement la morale de Jésus-Christ » (Paris, Paulin, 1838, t. 40, p. xiv).
[16] Très proche de cette doctrine est celle du « Néochristianisme » de Gustave Drouineau (voir n. 5, *supra*, *Gustave Drouineau*, *op. cit.*, pp. 18–23).
[17] Voir Pierre-Simon Ballanche, *Essais de palingénésie sociale* (1827–1831).

religieuse orthodoxe.[18] Les cours de Michelet et Quinet au sujet des Jésuites en 1843 provoquèrent des émeutes en 1845,[19] suite auxquelles l'enseignement des deux professeurs fit l'objet d'un débat parlementaire : Quinet démissionna en 1845 et ne reprit ses cours qu'en 1848 ; quant aux cours de Michelet, ils furent à plusieurs reprises menacés d'interdiction[20] ; tous les deux furent définitivement démis de leurs fonctions en 1851.

Comme Fromentin essayait de perfectionner ses talents de peintre paysagiste, il travaillait souvent aux environs de Paris avec ses amis Aubert et Bataillard. Aubert, tout en étant normalien, était journaliste en herbe : à l'époque où il travaillait avec Fromentin à La Celle-Saint-Cloud en juillet 1843, il fit paraître des articles dans la *Revue indépendante*.[21] Aubert était aussi ami du dramaturge Émile Augier (1820-1889), lequel se rattacha, par ses premières pièces, à l'école dite du « bon sens » et finira par mettre en avant le bourgeois typique, issu de la Révolution et attaché au profit qu'il en avait tiré : conservateur (car les acquis devaient être conservés) et anticlérical (puisque tout allait si bien qu'un au-delà n'était vraiment pas nécessaire). Fromentin raconte comment Aubert et Augier faillirent lui gâcher quelques-unes des promenades qu'ils firent ensemble par leurs incessants « calembours et plaisanteries », tout en rendant hommage à la « jovialité[22] » d'Aubert.

En 1845, Aubert disposa d'une maison à Buc, petit village des environs de Versailles, réservant, de mai à juillet, un pied-à-terre à Fromentin à « *l'étage supérieur*[23] ». En cette même année Aubert publia des textes dans le style de Charles Nodier[24] — écrivain célèbre pour ses contes fantastiques dans la lignée de E. T. A. Hoffmann : *Quelque chapitres de la vie et des voyages du célèbre Monsieur Boudin*, suivis des *Secondes noces du seigneur Pandolphe* et du *Songe d'une nuit d'été dans le parc de Versailles*.[25] Ces écrits sont des perles cachées qui

---

[18] Voir, notamment, Edgar Quinet, *Prométhée* (1838) et *Le Christianisme et la révolution française* (1845).
[19] Voir, à ce sujet, Jacques Pochon, « Edgar Quinet et les luttes du Collège de France, 1843-1847 », *Revue d'histoire littéraire de la France*, 70, 4 (juillet-août 1970), pp. 619-27.
[20] Voir Claire Gaspard, « Les Cours de Michelet au Collège de France (1838-1851) », *Histoire de l'éducation*, 120 (2008) pp. 99-112.
[21] D'Albert Aubert, on peut consulter, dans la *Revue indépendante* : « Académie française, prix de poésie » (25 juillet 1843, pp. 257-74) ; « Revue théâtrale : M. Th. Gautier, auteur du ballet de *La Péri* » (25 juillet 1843, pp. 275-77) ; « *La Jeunesse de Luther* de Michel Carré » (25 juillet 1843, p. 279).
[22] *Correspondance d'Eugène Fromentin*, éd. Barbara Wright, Paris/Oxford, CNRS Éditions/Universitas, 1995, p. 230.
[23] *Ibid.*, p. 364. Fromentin fait le commentaire suivant : « J'y ai provisoirement transporté ma boîte et mon chevalet, et j'achève à la maison les toiles commencées, en attendant que le soleil et la chaleur me permettent de courir les bois. »
[24] Voir aussi Albert Aubert, « Charles Nodier, notice littéraire », *Revue indépendante*, février 1844.
[25] Paris, J. Hetzel, 1845.

témoignent de l'ironie romantique. Fromentin signale fort justement le « style voltairien et de Molière[26] » de *Pandolphe*. Aubert rédigea aussi une nécrologie de Ballanche,[27] ainsi qu'un essai préliminaire servant de préface au célèbre texte de Rodolphe Töpffer, l'inventeur suisse de la bande dessinée : *Réflexions et menus propos d'un peintre genevois* ou *Essai sur le beau dans les arts*.[28]

Cependant, le gagne-pain principal d'Aubert fut son activité de journaliste, notamment au *Courrier français*, quotidien libéral, publié par les doctrinaires de 1820 à 1851, et au *Constitutionnel*, journal de la gauche dynastique sous la monarchie de Juillet. Adolphe Thiers fut l'un des rédacteurs en chef du *Constitutionnel*. Supprimé cinq fois, cet organe des libéraux, des bonapartistes et des anticléricaux, dut sa survie à ses feuilletons littéraires, signés Balzac, George Sand et Eugène Sue, même s'il se montra réfractaire dans ses attitudes antiromantiques, publiant, en 1834, un article incendiaire contre Théophile Gautier[29] et surtout contre *La France littéraire*, périodique qui défendait les nouveautés. En 1848, le *Constitutionnel* joua un rôle capital dans l'élection de Louis-Napoléon Bonaparte et devint l'un des principaux journaux gouvernementaux du Second Empire, tout en maintenant ses liens littéraires, avec la publication en feuilleton des *Causeries du Lundi* de Sainte-Beuve.

Aubert travailla également à la rédaction du *National*, quotidien fondé en 1830 par Adolphe Thiers, Armand Carrel et François-Auguste Mignet, pour combattre la Seconde Restauration. Ce journal publia l'appel d'Armand Marrast invitant les Parisiens à manifester le 22 février 1848, un des premiers déclenchements de la Révolution de 1848. Par la suite, le *National* devint l'organe de presse de la majorité républicaine modérée et plus tard s'aligna au socialisme. Lors de la Révolution de 1848, Aubert obtint une place d'archiviste à la Préfecture de la Seine.[30] Elle lui fut retirée en 1853, mais pendant qu'il était en poste il eut le

---

[26] *Correspondance d'Eugène Fromentin*, op. cit., p. 248.
[27] *Notice nécrologique sur Pierre-Simon Ballanche, [. . .] mort à Paris le 12 juin 1847*, par Albert Aubert. Extrait du *Nécrologe universel du XIXe siècle*, Paris, Plon frères, 1847.
[28] Paris, J.-J. Dubochet, Lechevalier et Cie, 1848.
[29] Théophile Gautier, ulcéré, traite le *Constitutionnel* ironiquement de « journal pudique et progressif », dans sa Préface à *Mademoiselle de Maupin* (éd. Georges Matoré, Paris, Droz, 1946, p. 30). Par ailleurs, traversant la ville de Liège, qu'il estime être ruinée par l'industrie nouvelle, Victor Hugo commente les transformations qui frappent « quelque bourgeois hébété qui lit le *Constitutionnel* » (Victor Hugo, *Le Rhin*, Paris, Hetzel, 1842, Lettre VII).
[30] L'*Almanach national* de 1848 à 1852 contient une référence à « Albert Aubert, *Archiviste*, rue Chaptal, 22 ». Il énumère ensuite les attributions du 4e bureau du Secrétariat général de la Préfecture : « Garde et conservation des archives de la Préfecture ; classement des décrets et des décisions ministérielles ; archives de l'état-civil pour les époques antérieures au 1er messidor an 3 (19 juin 1795) ; confection du sommier et du plan terrier des propriétés de la ville et du département ; conservation des titres du domaine départemental et municipal et du plan des monuments publics ; tenue du répertoire des actes sujets à l'enregistrement ». On notera que, dans la nécrologie de Marius Barroux (1862–1939), à qui l'on doit « la transformation complète des Archives de la Seine », André Lesort rappelle que les décrets et lois réservant aux élèves

temps d'établir un état sommaire des archives anciennes de la Seine qui brûlèrent dans l'incendie de 1871 : ce précieux inventaire, conservé au Ministère de l'instruction publique, fut publié en 1890 par Eugène Welvert.[31] Il est fort probable qu'Aubert fut démis de ses fonctions pour des raisons politiques : son nom figure sur une liste de personnes graciées dans le département du Var après l'insurrection de 1851. Pour obtenir sa grâce, il dut, comme tous les condamnés, rédiger une « lettre-type » dans laquelle il « renonce à ses engagements du passé et promet pour l'avenir, obéissance, soumission et fidélité à l'Empereur[32] ».

La presse s'était déjà beaucoup développée sous la Restauration, ayant joué un rôle important dans la chute de Charles X. La Révolution de 1830, en lui accordant une totale liberté, provoqua la naissance d'un grand nombre de journaux, en province comme à Paris. Le grand initiateur fut Émile de Girardin, qui, en 1836, lança *La Presse*, réduisant de moitié le prix de l'abonnement grâce à un très fort tirage et à un recours systématique aux annonces.

---

diplômés de l'École des Chartes les postes d'archivistes départementaux ne furent mis en application aux Archives départementales de la Seine qu'en 1918 : « en 1886, les Archives de la Seine ne ressemblaient aucunement aux autres dépôts départementaux ; elles n'avaient pour ainsi dire même pas le titre d'"archives" et formait, en réalité, un bureau (le 4ᵉ) du Secrétariat général de la Préfecture ; elles étaient dirigées par un chef de bureau, issu des corps des rédacteurs et des sous-chefs, corps très soigneusement recrutés, possédant de très solides connaissances administratives et juridiques, mais ignorant de la technique des archives » (*Bibliothèque de l'École des chartes*, 1940, vol. 101, pp. 255–60). Cet état des choses explique qu'Aubert, qui n'était pas chartiste, ait pu être nommé à ce poste et qu'il ait occupé la fonction de « chef de bureau » du « 4ᵉ bureau du Secrétariat général de la Préfecture ». Cela éclaire aussi les réserves émises par Eugène Welvert sur le professionnalisme d'Aubert dans l'exercice de ses fonctions (voir n. 31, *infra*).

[31] « État sommaire des archives anciennes de la Seine brûlées en 1871, dressé par l'archiviste de la Préfecture Aubert », *Archives historiques, artistiques et littéraires : Recueil mensuel de documents curieux et inédits*, n° 11, 1ᵉʳ septembre 1890, pp. 465–89. Dans sa note liminaire, Eugène Welvert souligne que l'inventaire d'Aubert n'est pas daté mais qu'il se rapporte à l'époque 1848–1851. De plus, il ajoute : « Ce répertoire est peu soigné. À part la division fondamentale en archives civiles et archives ecclésiastiques, il n'y a pas de classement. On s'est contenté de suivre dans chaque division l'ordre alphabétique. Mais que nous importe ? L'inventaire des anciennes archives de la Seine ne servira plus à guider des recherches, puisque la collection n'existe plus. Son seul intérêt aujourd'hui réside dans les documents mêmes qu'il énumère, et non dans leur classification. À cet égard, notre inventaire a sa place toute marquée dans la liste déjà longue des vieux chartriers, des librairies célèbres et des trésors artistiques, détruits ou dispersés, dont on s'attache à perpétuer le souvenir par la publication de leurs catalogues. Que ne donnerait-on pas pour récupérer cette admirable série d'actes de l'ancien état-civil, ces innombrables registres des corporations, paroisses, communautés religieuses, établissements hospitaliers de Paris, qui s'étaient conservés jusqu'en 1871 et qui sont à jamais perdus ? » (pp. 465–66).

[32] « Grâces des condamnés des commissions mixtes — BB/22/160 (1852–1856) », dans Danis Habib, *Demandes et dossiers de recours en grâce des condamnés des commissions mixtes de 1852. Inventaire-index des articles BB/22/131/1 à 189*, vol. 1, tranche alphabétique A-C, Paris, Centre historique des archives nationales, 1999.

Cependant, au *Constitutionnel*, Aubert dut éprouver, comme ses autres collègues travaillant pour différents quotidiens, les limitations imposées par le décret du 17 février 1852 sur la presse, au début du Second Empire. La presse vraiment littéraire s'en trouva éclipsée par le développement de la chronique, des échos et du reportage mondain pour satisfaire la curiosité publique. Il n'est donc pas surprenant qu'en 1856 Aubert, installé déjà dans le Var (si l'on en croit le répertoire des grâces des condamnés de 1852[33]), ait cherché, avec un autre journaliste, Napoléon (ou Léon) Langlois, à obtenir une concession pour ouvrir un casino à Monte-Carlo : les jeux étant alors interdits en France, le prince Charles III de Monaco avait eu l'idée de suivre l'exemple de Baden-Baden, petite ville thermale d'Allemagne qui s'était enrichie grâce à son casino. L'expérience se solda par un échec cuisant. Ce n'est qu'en 1860 que le comté de Nice fut annexé à la France, laquelle s'engagea, en 1861, à relier Nice à Monaco par une route littorale. Cette mesure devait remplacer le transport par bateau, qui n'était pas sans aléas. Avant la construction de cette route, les conditions d'accès n'étaient guère incitatives pour d'éventuels clients. Par ailleurs, Aubert et Langlois manquaient de capital et d'expertise en finances. Ils échouèrent donc, comme ce fut le cas aussi pour deux de leurs successeurs. Ce n'est qu'en 1863 qu'à un emplacement différent, les frères François et Louis Blanc réussirent à mettre en place l'actuel casino de Monte-Carlo. L'installation du chemin de fer en 1868 fit venir un afflux de visiteurs et consolida la réussite de l'entreprise.

En 1861, Aubert sollicita l'autorisation de « créer à Paris un journal politiquement industriel, sous le titre de *Le Globe illustré* », feuille qui serait quotidienne et aurait deux éditions, l'une le matin et l'autre le soir, comme en atteste un document du Ministère de l'Intérieur.[34] Déjà rédacteur du journal *L'Illustration*, Aubert, dans sa lettre en date du 25 avril 1861,[35] fait valoir son « procédé nouveau électro-chimique, à l'aide duquel le dessin sur métal peut être *tiré directement et typographiquement*, c'est-à-dire qui supprime le travail si long et si coûteux de la gravure sur métal ou sur bois ». Sa proposition, on le voit maintenant, représentait une grande innovation, permettant de « livrer, *le jour même*, au public l'image de l'événement qui vient de se passer ». Cependant, le Préfet de Police fit valoir le peu de fiabilité financière d'Aubert et sa demande fut refusée. Si l'autorisation lui avait été accordée, Aubert serait peut-être devenu le premier « blogueur » dans l'histoire du monde.

* * *

Les deux essais rédigés en 1840 portent le titre suivant : *Du spiritualisme et de quelques-unes de ses conséquences*. Le premier essai a comme sous-titre

---

[33] Voir n. 32, *supra*.
[34] Voir Annexe I.
[35] Voir Annexe II.

« Quelques conséquences du spiritualisme ». Le second n'a pas de sous-titre, mais est une réponse à la question que les deux amis d'Aubert, Fromentin et Bataillard, s'étaient posée : pour être heureux, l'homme doit-il avoir de l'ambition (p. 21) ? La « réponse » d'Aubert témoigne des courants de pensée en France pendant la monarchie de Juillet.

Une première question se pose : Qu'est-ce que le « spiritualisme » ? Partant de l'hypothèse que l'âme et le corps constituent deux éléments séparés chez une même personne, on peut définir le « spiritualisme » comme un dualisme du physique et du moral, de la matière et de l'esprit. Autrement dit, contrairement au matérialisme, le spiritualisme présuppose l'existence d'une âme, indépendante du corps auquel celle-ci est pourtant rattachée. Concept immémorial, c'est son usage au début du XIXe siècle qui nous concerne ici.[36] On peut le suivre depuis Maine de Biran jusqu'à Félix Ravaisson, en passant, bien sûr, par Victor Cousin, qui, pour des raisons en grande partie politiques, en fit la philosophie quasi officielle de la monarchie de Juillet. Dans l'« Avant-propos » de l'édition de 1853 de son livre *Du vrai, du beau et du bien*, il en donne une présentation devenue célèbre :

> Notre vraie doctrine, notre vrai drapeau est le spiritualisme, cette philosophie aussi solide que généreuse, qui commence avec Socrate et Platon, que l'Évangile a répandue dans le monde, que Descartes a mise sous les formes sévères du génie moderne, qui a été au XVIIe siècle une des gloires et des forces de la patrie, qui a péri avec la grandeur nationale au XVIIIe siècle, et qu'au commencement de celui-ci M. Royer-Collard est venu réhabiliter dans l'enseignement public, pendant que M. de Chateaubriand, Mme de Staël, M. Quatremère de Quincy la transportaient dans la littérature et dans les arts.[37]

À vrai dire, les deux essais d'Aubert, bien que distincts, se complètent l'un l'autre. Dans le premier, l'auteur fait la critique du spiritualisme et, dans le second, il s'adresse à la question de l'ambition et de l'héroïsme. Il relie les deux textes, en passant de l'évolution du spiritualisme métaphysique au spiritualisme laïc. Pour Paul Bénichou, le spiritualisme du début du XIXe siècle « consiste dans l'acceptation d'une prééminence du divin en tant que source et fondement de l'excellence humaine. [...] Il a été, dans la société issue de la Révolution, la façon la plus commune de concilier le degré de conservation jugé nécessaire et le nouvel ordre de choses[38] ».

---

[36] Pour une analyse des différentes acceptions du terme « spiritualisme » au XIXe siècle, voir Jean-Pierre Cotten, « Spiritualisme », dans *Autour de Victor Cousin : une politique de la philosophie*, Annales littéraires de l'Université de Besançon, n° 469, Paris, Les Belles Lettres, 1992, pp. 191–96.
[37] Victor Cousin, *Du vrai, du beau et du bien*, Paris, Didier, 1853, pp. iii–iv.
[38] Paul Bénichou, *Le Sacre de l'écrivain, 1750–1830 : Essai sur l'avènement d'un pouvoir spirituel laïque dans la France moderne*, Paris, José Corti, 1973, p. 220.

Le Spiritualisme métaphysique

Aubert commence ses propos sur le spiritualisme métaphysique par ébaucher une synthèse de l'histoire du spiritualisme en tant que succession de différentes étapes. Il remonte à Pythagore et à Platon, pour montrer les métamorphoses possibles de l'âme. Dans le monde de la mythologie, une familiarité avec les Dieux de l'Antiquité permit la diminution du degré d'étanchéité entre le terrestre et l'extra-terrestre. À la morale païenne vint alors se substituer le stoïcisme, lequel imposa une morale austère. Cette nouvelle morale fut suivie d'une nouvelle religion, le christianisme. Cependant, lorsque la poésie de l'univers païen s'unit à la religion chrétienne, la donne changea sensiblement. On montra des images du Christ mourant sur la Croix ou de « pâles martyrs » sortant des arènes, « les épaules déchirées par les ongles du tigre » (p. 7). La morale austère du stoïcisme fut concurrencée par celle des Pères du Désert pour donner naissance à l'ascétisme. On ne vantait plus la beauté des hommes, faits à l'image de la divinité. Au contraire, le Christ était venu « pour les pauvres et les esclaves » (p. 7). Lors de la Renaissance, les beaux-arts emboîtèrent le pas, Michel-Ange, dans sa peinture du *Jugement dernier*, mettant au paradis « des borgnes, des bossus, des aveugles, tandis que de belles femmes et de beaux Cardinaux étaient peints à la gauche du Sauveur, comme destinés aux flammes éternelles » (p. 7).

Il s'ensuivit, selon Aubert, un changement d'attitude à l'égard de la mort. Alors que l'ancienne Égypte plaçait la Ville des Morts en face de la Ville des Vivants, pensant que la fin de la vie de l'homme n'impliquait pas forcément sa disparition physique tout entière, prévoyant éventuellement des objets qui pourraient lui servir dans sa nouvelle existence ou supposant que « nous laissons quelque chose de nous-mêmes aux lieux que nous avons habités » (p. 8), le christianisme enseigna, au contraire, « que le corps devait être considéré comme un habit, bien ou mal fait, que nous avions à porter une saison, pour le jeter ensuite quand il serait usé » : la décomposition physique suit inévitablement, une fois l'âme partie de sa « prison infecte » (p. 8). Les Grecs brûlaient le corps, « espérant sans doute qu'ainsi vaporisé par le feu, il irait retrouver l'âme dans l'espace » (p. 9). L'enterrement est emblématique pour Aubert de la déconsidération de la forme du corps humain qu'il déplore à bien des égards.

Dans son analyse, les conséquences en sont multiples. D'abord la taille des êtres humains s'amoindrit depuis l'époque où ils jouissaient d'une certaine familiarité avec les dieux de l'Antiquité : avec le passage du temps, les chefs-d'œuvre furent détruits, les belles races furent « à peu près éteintes » (p. 10) et la force des êtres humains s'affaiblit, par rapport à celle de nos prédécesseurs, capables d'exploits gigantesques, selon les récits de la mythologie. Ensuite, la transition de la civilisation des régions radieuses du Midi au « ciel nébuleux et triste des Gaules et de la Germanie », fit que le phénomène du spiritualisme se trouva « sur son véritable terrain [...], car elle était bien la philosophie du Nord » (p. 10).

Il y en eut d'autres conséquences, selon Aubert. En philosophie, au XVIIIe siècle, ayant fait à l'âme et au corps deux parts bien distinctes, il n'y avait qu'un pas à faire pour en arriver au dualisme de certains philosophes allemands, notamment Fichte, en établissant une distinction nette entre le « moi » (le moi métaphysique) et le « non-moi » (tout ce qui est extérieur au moi). Cette analyse de soi-même peut même mener à des états d'esprit maladifs, allant de l'« ennui », qui fait des ravages tels qu'il a été nommé la « maladie du siècle », à l'« aliénation mentale » (p. 11), en passant par le doute de soi et la quête de sa propre identité.

En morale, l'appel à l'ascèse mène à un excès d'abnégation, une pratique de l'humilité à un degré tel qu'elle risque d'occulter les vraies valeurs de la personne et d'ôter à l'homme sa dignité.

Dans les belles-lettres et les beaux-arts, une même tendance se manifeste. On n'apprécie que les grands sentiments, et pas la forme, avec des conséquences désastreuses pour la poésie. En sculpture, « le monde palpable est mort » (p. 15) : on est plus porté par le « drapé » des costumes que par la beauté de la figure humaine. Avec la *Marie-Madeleine repentante* (1809) de Canova, on pouvait espérer un moment « que la statuaire allait renaître » (p. 18), mais tout est redevenu comme avant. Et l'architecture ne va pas mieux, selon Aubert, avec l'institution très controversée d'un fossé au palais des Tuileries. Partout se manifeste la dégénérescence de la forme.

Des efforts furent faits pour arrêter cette funeste tendance. On voulut être entouré par de belles choses. En faisant ses recherches dans le domaine de la physiognomonie, Lavater essaya de montrer le rapport entre la vraie beauté physique et la beauté de l'âme, même si les résultats phrénologiques nous semblent aujourd'hui de valeur limitée et même contestable. Inspiré par « les descriptions de l'Éden et du Paradis futur promis aux élus » (p. 18), Milton se mit à chanter la Nature. Mais, au lieu de se limiter aux charmes d'un « *extérieur obscur* » (p. 18), lui et ses confrères s'éprirent de la grandeur des forêts et des montagnes, ainsi que de la magnificence des torrents. Encore une fois, les artistes se laissèrent piéger par le spiritualisme : « Ce ne fut plus de la forme des fleurs qu'on s'occupa, ce fut plutôt de leur âme » (p. 18).

Aubert suppose la « perfectibilité » comme moteur de l'histoire et, dans ce contexte, il déplore « que l'homme n'ait su cultiver en même temps l'âme et le corps, l'esprit et la matière, en les faisant l'un et l'autre servir à leur développement mutuel » (p. 19). Il ne vit pas venir la suite. Si l'homme, dans sa perfection, est figuré dans une statue grecque, il s'éloignera de plus en plus du réel, au point de devenir l'Infini, idéal irréalisable. D'autre part, le support, se référant à l'Infini, pourra se trouver n'importe où, dans n'importe quel objet — beau ou laid. Aubert critique donc Victor Hugo d'avoir osé « mettre sur la scène le beau et le laid à peu près en égales portions » (pp. 18–19), sans avoir pu prévoir qu'à cet égard, le spiritualisme métaphysique au début du XIXe siècle posait les fondements du « surnaturalisme » baudelairien et du symbolisme mallarméen, avançant à la fois

Le Spiritualisme laïc

Pour aller du spiritualisme métaphysique du premier essai au spiritualisme laïc du second, Aubert commence par décrier la philosophie du bonheur (p. 21), qui eut tant d'adhérents au XVIIIe siècle et que Pierre Leroux avait défendu en 1834, dans son article consacré au « Bonheur », dans le tome II de l'*Encyclopédie universelle*. Le même dualisme du physique et du moral qui était à l'origine du spiritualisme métaphysique se retrouve ici. Ne voulant pas « faire à cette essence divine l'injure de la croire heureuse sous les liens de la matière » (p. 22), Aubert postule qu'une des conséquences nécessaires de la philosophie du bonheur serait « de borner l'existence de l'homme à la durée de cette vie » (p. 22). Par ailleurs, la « perfectibilité » de l'homme implique un perfectionnement continuel.[39] Avec des échos de Lamarck, Aubert émet timidement la notion de l'« évolution » : « nous sommes sur la terre pour développer nos facultés, toutes perfectibles » (p. 22). Ce cheminement comporte une série d'« épreuves », mais l'« épreuve » envisagée ici par Aubert n'est nullement l'« épreuve expiatrice » du christianisme, « nécessaire pour la réhabilitation après la déchéance » (p. 22). Il s'agit plutôt d'une étape sur un long parcours qui serait celui du « perfectionnement de l'âme » (p. 22) : comme la « nature organique de l'homme [...] n'avait pas été créée du premier jet, [...] mais n'était venue qu'après bien des essais et des tentatives incomplètes, ainsi l'on peut croire que nous sommes pour l'esprit et le cœur dans une seconde série d'épreuves, plus importantes, plus difficiles ». Le terme sera le « perfectionnement de l'âme, perfectionnement qui ne sera point atteint comme celui des corps dans ce monde, mais qui du moins devra y être préparé » (p. 22).

L'homme des premières époques de notre civilisation dut unir la force physique à l'intelligence pour dompter la nature et pour survivre. Une fois le danger passé, « il n'y avait plus équilibre entre les deux puissances physiques et morales » (p. 23). Dans cette « guerre civile », « les Dieux étaient du parti du corps, les philosophes soutenaient la cause de l'âme » (p. 24). Mais, lors de cette « vie superbe des Grecs et des Romains », le corps « n'avait jamais été si heureux ». Après, comme on l'a déjà vu, le christianisme « décida le triomphe du principe

---

[39] Il convient de rappeler qu'autour de 1800, la perfectibilité constituait la grande question pour Cabanis (*Lettre sur la perfectibilité*, 1798), pour Mme de Staël (*De la littérature considérée dans ses rapports avec les institutions sociales*, 1800) et pour Benjamin Constant (*De la perfectibilité de l'espèce humaine*, 1829 ; 1ère mouture 1805) : tous ces auteurs essayèrent de concevoir un processus de perfectionnement susceptible de concilier la tendance, en l'homme, au « calcul » rationnel de ses intérêts et les impératifs de la morale et de la justice.

spirituel ; mais dans son ardeur de réaction il alla beaucoup trop loin » : il croyait « que le corps ne serait jamais mieux dompté que par la destruction » (p. 24).

Pour Aubert, le christianisme va trop vite. Il a, pour principal dogme, « l'imitation de Dieu », mais, pour y arriver, « il veut, dès cette vie, rejeter la portion de matière à laquelle il se trouve uni pour ressembler davantage à la Divinité ». De là, l'erreur des chrétiens, selon Aubert : « ne se croyant séparés de la Divinité que par quelques années, ils se hâtent de se rendre dignes » (p. 24). Pour lui, nous sommes à peine parvenus à un degré intermédiaire :

> Nous [...] accepterons la vie telle qu'on nous l'a donnée, c'est-à-dire comme un composé d'âme et de corps, et nous croirions manquer aux desseins de la Providence, aux lois de l'Univers, en faisant abstraction complète de l'un des éléments dont la réunion même forme la nature humaine [...]. (pp. 24-25)

C'est cette « digression » (p. 25) qui mène au spiritualisme laïc, tel qu'il est traité par Aubert, dans un processus constant de perfectionnement, réunissant l'idéal et le réel dans le cadre de notre vie quotidienne. Il faut d'abord essayer de situer le concept dans son contexte historique.

Aubert et ses contemporains étaient « fils des révolutions » : chez eux, « le besoin de paix, de tranquillité, d'obscurité même » était « plus vif que jamais » (p. 34). Avoir un gouvernement représentatif, stable, avec un régime garantissant des libertés fondé sur la raison : telle était la philosophie politique des doctrinaires, notamment de Guizot, qui résume le mieux les années 1814-1848 et qui se reflète dans les propos d'Aubert. Dans cette optique, comme l'a fait remarquer Jacques Julliard, tant que l'électeur censitaire n'est pas présumé voter « selon ses intérêts propres, mais selon sa vision éclairée de l'intérêt général », « le suffrage n'est pas un droit individuel, mais une fonction sociale[40] ».

La question fondamentale est la suivante : comment concilier les aspects positifs de la démocratie (surtout l'égalité civile), sans la miner par les forces qui risquent de la subvertir (l'envahissement de la régulation politique par des masses anarchiques) ? Il faut de l'ordre dans la société, sans qu'il y ait des despotes. Ceux qui gouvernent, au lieu d'agir en tyrans, feraient bien de se référer à une raison transcendante dans l'élaboration de leurs décisions politiques. Il ne s'agit pas là de la raison utilitaire prônée par Destutt de Tracy, basée sur le potentiel de la raison à assurer le bonheur de l'individu. Il ne s'agit pas non plus de la raison kantienne, fondée dans l'autonomie de la volonté. C'est plutôt un spiritualisme laïc, émanant de valeurs essentiellement morales et exigeant la création d'une nouvelle norme politique. Cette norme est libérale, dans la mesure où elle n'admet aucune forme de despotisme, tout en n'acceptant aucune diminution des droits inhérents à l'individu. C'est ainsi que les libéraux, partisans d'une monarchie

---

[40] Jacques Julliard, *Les Gauches françaises, 1762-2012 : histoire, politique et imaginaire*, Paris, Flammarion, 2012, pp. 221-22.

laïque et parlementaire, dirigée par une élite de la naissance, de la fortune et de l'intelligence, pratiquent une politique de « juste milieu », prétendant ainsi réconcilier l'ancienne et la nouvelle France. Ils reprennent la critique de la souveraineté du peuple, faite antérieurement par les ultra-royalistes de la Restauration, mais en la laïcisant. Du coup, comme l'écrit Pierre Rosanvallon, « la raison souveraine est à la fois tout à fait extérieure à la sphère humaine et reflétée dans celle-ci ».[41] Il s'ensuit, d'abord, un nouveau statut pour le sens commun, inspiré désormais par une raison spontanée, qui se muera ensuite en raison réfléchie, au niveau de la philosophie. En même temps, il en découlera que cette raison supérieure n'est pas également accessible à tous : seuls ceux qui sont aptes à la saisir devraient être invités à participer au processus gouvernemental. Autrement dit, une nouvelle aristocratie intellectuelle devra être créée, tenant compte de cette notion de « capacité ». Là où Hobbes, Locke ou Rousseau envisageaient la vie collective à grande échelle, les doctrinaires, forts de l'expérience de la Révolution de 1789 et de ses séquelles, abordèrent les mêmes problèmes du point de vue sociologique, en cherchant à créer une nouvelle classe politique, basée sur le mérite et la compétence professionnelle.

Les droits ne sont donc pas universels, égaux pour tous. Pas plus que les hommes, lesquels, tout en étant frères, sont aussi des « frères ennemis » (p. 25), du fait de l'égoïsme et de la jalousie résidant au fond de notre nature. C'est ce qui différencie les doctrinaires des Fouriéristes (les « gens du progrès, qui rêvent le phalanstère » (p. 25)) ou des Saint-Simoniens (avec leur « utopie extravagante » et leurs « absurdités philosophiques » (p. 21)). Tout tourne autour du concept du « bien d'autrui » (p. 29). L'aide mutuelle est une pierre angulaire dans toute société démocratique, mais si elle devait s'effectuer aux dépens de l'esprit innovateur et dynamique de cette société, l'effet en serait funeste. C'est ce que remarque Aubert :

> Nous devons [...] aider ceux qui vivent avec nous, car ils nous aident tous les jours ; mais ils n'ont pas le droit, nous ne l'avons pas nous-mêmes, de faciliter leur développement au détriment du nôtre. Un tel sacrifice serait un crime. (p. 31)

Pour Guizot, il s'agit d'une nouvelle aristocratie, « pleinement reconnue, acceptée, et même désirée par tous puisqu'elle est l'expression d'une supériorité manifeste[42] ». Bien qu'Auguste Comte ne fasse pas siennes les idées doctrinaires sur la nouvelle aristocratie à fonder, lui aussi, dans ses *Considérations sur le pouvoir spirituel* de 1825, évoque une « autorité spirituelle » suscitant un « assentiment universel »,[43] idée qui trouve sa source également dans la théorie de la souveraineté de la raison.

---

[41] Pierre Rosanvallon, *Le Moment Guizot*, Paris, Gallimard, 1985, p. 92.
[42] Pierre Rosanvallon, *ibid.*, p. 118.
[43] Auguste Comte, *Considérations sur le pouvoir spirituel*, dans *Du pouvoir spirituel*, éd. Pierre Arnaud, Paris, Le Livre de poche, 1978, pp. 331-32.

Le thème de la nouvelle aristocratie sera au cœur de plusieurs polémiques sous la monarchie de Juillet. Armand Carrel, dont Émile Beltremieux, ami intime d'Eugène Fromentin, était le secrétaire personnel, fulminait, dans un article, publié en 1831, sous forme de lettre adressée à Casimir Périer, contre les « aristocrates du comptoir[44] ». Même si *Le National*, dirigé par Armand Carrel après la Révolution de 1830, mit en tête de son programme réformateur l'institution du suffrage universel, l'action menée par ce journal au point de vue social peut paraître fort timide aux lecteurs d'aujourd'hui. En fait, la philosophie politique moderne n'en était alors qu'à ses débuts.

L'Ambition et l'héroïsme

Le principe de la capacité nous mène infailliblement au concept des « grands hommes » et donc à l'un des paradoxes des théories doctrinaires. Une société méritocratique a besoin de tous les talents ; mais comment alors préserver la singularité des hommes illustres, lorsqu'il faut également promouvoir la grandeur du Peuple[45] ? Aubert le voit bien : à force de trop demander à l'homme de talent, on risque de saper et de dissiper son potentiel. Pour réaliser le « bien d'autrui » (p. 29), la monarchie de Juillet se servit du mot de « mission », incitant son élite à s'investir dans de grands projets en tant que « missionnaires » : « notre génération essentiellement poétique [...] dit au grand homme qu'il est un Messie, [...] il aura sa couronne d'épines pendant sa vie, et une apothéose contestée après sa mort » (p. 30). Les doctrinaires ne se piquaient pas d'être de « grands hommes » et leur système contrecarrait les valeurs de l'« héroïsme », indispensables pour inculquer les compétences jugées nécessaires pour le bon fonctionnement de la société. La question primitive, qui se trouve à l'origine du texte d'Aubert, tourne autour de ce pivot : l'homme doit-il avoir de l'ambition pour être heureux (p. 21) ? Et Aubert de répondre : « l'ambition est funeste et condamnable parce qu'elle est une déperdition de forces, et partant nous rend incapables d'accomplir notre destinée » (p. 26).

En effet, comme le dit très bien Robert Morrissey : « Le modèle de la gloire héroïque est solidement ancré dans une vision immémoriale de la France, véhiculée tant par la monarchie que par la noblesse[46] ». Au XVIIIe siècle, les philosophes et psychologues écossais identifièrent l'intérêt personnel comme moteur des grands faits et gestes, ainsi qu'un « instinct d'estime », qui porte l'homme à « mériter l'approbation de ses semblables, et nous fait trouver dans

---

[44] Article cité par Paul Thureau-Dangin, dans *Le Parti libéral sous la Restauration*, Paris, Plon, 1876, p. 131.

[45] Voir, à ce sujet, l'article de Jacques Neefs, « La Haine des "grands hommes" au XIXe siècle », *Modern Language Notes*, 116 (2001), pp. 750-69.

[46] Robert Morrissey, *Napoléon et l'héritage de la gloire*, Paris, Presses universitaires de France, 2010, p. 11.

l'assentiment d'autrui une récompense presque aussi douce que dans le nôtre même » (p. 32). Les textes de l'Antiquité reconnurent les acquis positifs de la « gloire », comme dans la *vita activa*, prônée par Cicéron, même s'il faut tenir compte du revers de la médaille, puisqu'un excès de zèle pourrait mener à la tyrannie. C'est ce qu'Aubert dénonce chez Napoléon,[47] « une des plus fortes individualités sans contredit qui ait paru sur la terre » (p. 26). On voit s'esquisser une ligne de pensée qui va d'une économie de la gloire, à laquelle en principe tous peuvent participer (Julien Sorel, protagoniste du *Rouge et le noir* de Stendhal, en donnera un exemple des plus illustres dans le monde de la littérature), en passant par le retrait de la gloire « individuelle », à la faveur de la renommée des « travaux multipliés » (arguments de Mme de Staël,[48] qui nourriront les doctrinaires dans leur opposition à la politique napoléonienne). On arrive enfin à l'appel lancé par Baudelaire, dans son *Salon de 1845*, pour « le vrai peintre[49] », susceptible d'« arracher à la vie actuelle son côté épique » et de montrer « combien nous sommes grands et poétiques dans nos cravates et nos bottes vernies ». Baudelaire reprendra ce thème et le développera dans la conclusion de son *Salon de 1846*, pour en arriver enfin à l'« héroïsme de la vie moderne[50] » : là, sur un fond d'« égalité universelle » (en l'occurrence « l'habit noir et la redingote[51] »), seule la dimension esthétique témoignera de la grandeur inhérente.

Par ailleurs, avec la découverte du Nouveau Monde et le développement des pays colonisés, l'ambition s'est transformée, dans certaines situations, de « vice vertueux » en « vertu vicieuse[52] », étant donné que les qualités requises chez un explorateur ou un pionnier divergent de celles qui caractérisent les notables d'une société bien assise. L'un des défis de la Révolution américaine fut de concilier l'esprit frondeur, traditionnellement conçu comme une force subversive, et l'établissement d'une jeune république dynamique, aspirant à l'honneur et à la

---

[47] L'analogie s'impose avec les propos de l'étudiant en médecine, Hector Bianchon, dans *Le Père Goriot*. Dans le débat avec Rastignac sur le mandarin chinois, le futur médecin plaide pour des ambitions plus restreintes que celles d'Alexandre le Grand et de Napoléon, ce dernier ne pouvant pas dîner plus de deux fois par jour, ni avoir plus de maîtresses qu'un étudiant en médecine : « Moi, je suis heureux de la petite existence que je me créerai en province, où je succéderai tout bêtement à mon père. Les affections de l'homme se satisfont dans le plus petit cercle aussi pleinement que dans une immense circonférence » (Balzac, *Le Père Goriot*, éd. Rose Fortassier, *La Comédie humaine*, Bibliothèque de la Pléiade, Paris, Gallimard, 1976, III, p. 165).
[48] Mme de Staël, *De la littérature*, 2e édition revue, corrigée et augmentée, éd. Gérard Gengembre et Jean Goldzink, Paris, Flammarion, 1991, p. 383.
[49] Charles Baudelaire, *Salon de 1845*, *Œuvres complètes*, éd. Claude Pichois, Paris, Gallimard, Bibliothèque de la Pléiade, 1976, II, p. 407.
[50] Charles Baudelaire, *Salon de 1846*, *Œuvres complètes*, loc. cit., p. 495.
[51] Charles Baudelaire, *Salon de 1846*, *Œuvres complètes*, loc. cit., p. 494.
[52] Ces termes, « virtuous vice » et « vitiating merit », sont ceux de William Casey King, dans son livre, *Ambition, a History : From Vice to Virtue*, New Haven, CT & Londres, Yale University Press, 2013, p. 7.

vertu. Pour aller de l'avant, dans des terres nouvellement conquises, l'ambition du « self-made man », ayant acquis sa fortune ou son statut social, en partant de rien, devint indispensable, même si, paradoxalement, Washington, le premier Président des États-Unis, s'était identifié avec Cincinnatus, personnage de l'Antiquité souvent vu comme modèle du « anti-héros ».

La monarchie de Juillet, elle, fut souvent décriée pour la médiocrité juste-milieu qui la caractérisait, mais son attitude changeante et souvent paradoxale à l'égard des « grands hommes » devrait être considérée de manière plus nuancée. Les différentes vocations du Panthéon à Paris en fournissent un bel exemple.[53] Prévu à l'origine, au XVIIIe siècle, pour être une église qui abriterait la châsse de Sainte Geneviève, ce monument fut modifié, entre 1791 et 1793, par Quatremère de Quincy, lequel lui donna son apparence actuelle de « Panthéon », c'est-à-dire un monument laïc consacré à la mémoire des grands hommes de la nation. Sous le Premier Empire et la Restauration, le bâtiment fit à la fois office de « Panthéon » et de lieu de culte. La monarchie de Juillet retira l'église Sainte-Geneviève au culte catholique et lui rendit sa destination de « Panthéon » : David refit le fronton et la célèbre devise, gravée dans un premier temps par ordre du Directoire, « Aux grands hommes, la patrie reconnaissante », réapparut. Par la suite, sous le Second Empire, l'édifice redevint une église et l'inscription disparut à nouveau. Enfin, à l'occasion des obsèques de Victor Hugo en 1885 et de son inhumation au Panthéon, l'église Sainte-Geneviève disparut et le bâtiment devint le lieu d'inhumation des grands hommes honorés par la République. Aubert y fait allusion, lorsqu'il imagine le Panthéon « chancelant sur ses béquilles de pierre » (p. 16), si la postérité le retrouvait enseveli à la suite d'une éruption volcanique semblable à celle du Vésuve. On vivrait alors à nouveau le cauchemar de Soufflot, qui mourut désespéré en craignant que le dôme du Panthéon ne pèse trop lourdement sur les colonnes corinthiennes disposées circulairement à la base ; Rondelet, le successeur de Soufflot, donna plus de solidité au bâtiment, en remplaçant les colonnes isolées par de lourds massifs de maçonnerie. Mais, aux yeux d'Aubert, tout se détériore : on ne trouve plus de marbre, sauf sur les cheminées ; plus de cèdres, sauf un pied au jardin du roi ; et les balcons sont en fer creux. La construction en matériaux de piètre qualité lui inspire du mépris à l'égard de la monarchie de Juillet, tout comme les revirements de fortune subis par le Panthéon. La tirade d'Aubert se rapproche tellement de celle de Théophile

---

[53] Sur la transformation de l'église Sainte-Geneviève, voir le catalogue de l'exposition présentée du 31 mai au 30 juillet 1989 à l'hôtel de Sully à Paris, et du 19 septembre au 15 novembre 1989 au Centre canadien d'architecture à Montréal, *Le Panthéon symbole des révolutions*, Paris, Picard, 1989. Voir aussi l'article de Mona Ozouf, « Le Panthéon, l'École normale des morts », dans Pierre Nora (dir.), *Les Lieux de mémoire*, t. I, *La République*, Paris, Gallimard, 1984, pp. 139–66 et Jean-Claude Bonnet, *Naissance du Panthéon : Essai sur le culte des grands hommes*, Paris, Fayard, 1998, pp. 266–72, 339–43.

Gautier, dans la Préface de *Mademoiselle de Maupin* (1834),[54] que l'on peut se demander si elle n'en est pas en partie inspirée.

Au lieu de nous livrer à un parcours du combattant, semblable à « l'expiation des Chrétiens » (p. 26), nous devrions, selon Aubert, opter pour « le *modus* des anciens » (p. 27). Ici, il pense surtout à Aristote, lequel parle, dans son *Éthique à Nicomaque*, de la vertu comme d'une sorte de moyenne, puisque le but qu'elle se propose est un équilibre entre deux extrêmes.[55] Quand on est jeune, on croit pouvoir tout se permettre. Avec l'âge, on est bien obligé de rabattre de certaines présomptions, en faveur du « repos », concept qui n'implique nullement une sclérose physique ou mentale, mais qui au contraire mène à un bien-être profond. Comme Senancour, Aubert est convaincu que le travail physique ne fait point « obstacle à la paix de l'âme ». Nous devrions nous « laisser aller quelquefois à cette ataraxie, dont la douce immobilité favorise si bien le travail intérieur de l'esprit et le vol silencieux des pensées » (pp. 27-28). Ce terme désigne la tranquillité de l'âme résultant de la modération et de l'harmonie de l'existence. L'« ataraxie » devient le principe du bonheur dans le scepticisme (grâce à l'absence de jugements dogmatiques), l'épicurisme (grâce à l'absence de souffrance corporelle ou de trouble de l'âme) et le stoïcisme (grâce à un sens de détachement et à une affinité avec la totalité cosmique). Benjamin Constant fit une remarque analogue à celle d'Aubert :

> Les devoirs et les intérêts de la vie commune sont un poids douloureux qui étouffe les facultés intellectuelles. Les philosophes anciens l'avaient bien senti : l'ataraxie qu'ils recommandaient n'était que la séparation des deux genres de vie que de nos jours nos hommes s'opiniâtrent à concilier.[56]

Pour répondre enfin à la question de ses deux correspondants sur l'ambition comme élément préalable au bonheur, Aubert avoue que la volonté y est pour beaucoup et que, sans motivation dynamique, l'humanité se développerait « comme un seul homme » : « ce qui pis est comme un seul homme médiocre et commun, ce qui arriverait infailliblement s'il n'y avait pas d'ambitieux au monde » (p. 28). La sagesse consiste à choisir une route intermédiaire entre le panier de crabes et l'immobilisme passif. Le message d'Aubert, « Soyez médiocre, soyez commun, aimez à être perdu dans la multitude » (p. 32), rappelle le précepte de l'*Imitation de Jésus Christ* : « Aimez à vivre inconnu et à n'être compté pour rien[57] ». Si l'on se reporte à sa longue citation de l'« Introduction » d'Edgar

---

[54] Théophile Gautier, éd. cit. (n. 29, *supra*), p. 39.
[55] « L'égal est intermédiaire entre l'excès et le défaut. [...] J'appelle mesure ce qui ne comporte ni exagération ni défaut » (Aristote, *Éthique à Nicomaque*, livre II, ch. 6).
[56] Benjamin Constant, *Journaux intimes*, 13 [vendémiaire ; 5 octobre 1804], éd. Alfred Roulin et Charles Roth, Paris, Gallimard, 1961, p. 147.
[57] *L'Imitation de Jésus-Christ*, tr. Félicité de Lamennais, éd. Marie-Dominique Chenu, Paris, Les Éditions du cerf, 2011, p. 44.

Quinet, traducteur des *Idées sur la philosophie de l'humanité* de Herder, il est clair qu'Aubert y voit « un profond caractère de paix et de sérénité » (p. 33) : « À peine a-t-on fait de la loi de l'humanité la loi de son être, que l'on commence à vivre de la vie universelle et de la plénitude du *moi*[58] ».

On peut voir dans les propos d'Aubert les prémices de *Dominique*, le roman quasi autobiographique de Fromentin, datant de 1862, où la retraite souhaitée par le héros éponyme, qui se donne pour un « premier venu », comporte néanmoins une vie intérieure active et intense. Une variante, en particulier, est très proche du texte d'Edgar Quinet, qui vient d'être cité, et qui allait faire l'objet d'un travail à quatre mains par Fromentin et Paul Bataillard en 1841[59] :

> Exister c'était la demi-mort ; en avoir la conscience vive, ardente, émue, voilà qui me représentait, en attendant des félicités plus réelles, un idéal de plénitude et la perfection du bonheur.[60]

L'Individualisme

À prendre les deux essais ensemble, l'élément qui en ressort le plus et qui les joint sur le plan thématique c'est le rôle de l'individu (le mot « individualisme » était alors nouveau[61]). Là on voit clairement comment Aubert se distancie des doctrinaires de son époque. Guizot concevait la liberté, non comme une faculté de l'individu, mais comme un moyen de gouvernement, au point d'« effacer[62] » l'individu, au profit de l'État, des notables et de l'esprit de corps. C'est l'un des points fondamentaux qui opposent Guizot et les doctrinaires à Madame de Staël (laquelle défendait la primauté de l'individu sur l'État) et à Benjamin Constant (lequel défendait le jugement individuel contre le pouvoir).

Clairement conscient de la contradiction entre le caractère politiquement révolutionnaire de la bourgeoisie dans l'histoire et son retrait politique dans la société postrévolutionnaire, le but de Guizot était de faire du bourgeois un citoyen

---

[58] Edgar Quinet, Introduction à sa traduction des *Idées sur la philosophie de l'histoire de l'humanité* par Johann Gottfried von Herder, Paris, Levrault, 1827, I, p. 63.
[59] Voir n. 4, *supra*.
[60] Eugène Fromentin, *Dominique*, éd. Guy Sagnes, *Œuvres complètes*, Bibliothèque de la Pléiade, Paris, Gallimard, 1984, p. 1456.
[61] « Mot nouveau qui devient peut-être nécessaire pour caractériser un mal qui [avant 1830] était inconnu » (Discours de M. Gillon, procureur général à Amiens, *Gazette des Tribunaux*, 12 novembre 1836, cité par Georges Matoré dans son édition critique de la Préface de *Mademoiselle de Maupin*, éd. cit., p. xvi, n. 2). D'autres sources proposent d'autres attributions du premier usage du mot « individualisme », mais aucune n'en conteste la nouveauté à cette époque. Selon *Le Robert : dictionnaire historique de la langue française*, la première utilisation des mots « individualisme » et « individualiste » date de 1825, puis ces deux mots connurent d'intéressantes modifications sémantiques.
[62] Le terme est celui de Lucien Jaume, dans son livre *L'Individu effacé ou le paradoxe du libéralisme français*, Paris, Fayard, 1997.

véritable. Il fallait encourager les classes moyennes à reconnaître leur identité collective et à s'organiser politiquement. Afin d'inciter la bourgeoisie à se faire inscrire sur les listes électorales, il fonda, en 1827, la société *Aide-toi, le ciel t'aidera*. La bourgeoisie finit par désespérer Guizot. À ses yeux, elle manquait d'ambition, se satisfaisant trop facilement du cercle étroit de ses activités privées. Le 1er mars 1843, Guizot fit un discours, devenu célèbre, à la Chambre des députés :

> [...] fondez votre gouvernement, affermissez vos institutions, éclairez-vous, enrichissez-vous, améliorez la condition morale et matérielle de notre France : voilà les vraies innovations.[63]

Mais de tout ce discours, on ne retint, hors contexte, que le seul impératif : « Enrichissez-vous ». Au moment même où Aubert rédigeait ses essais, Guizot arriva à un tournant dans sa carrière politique, marquant la transition entre le « libéralisme » des années 1830 et le conservatisme des années 1840.

Il s'ensuivit un matérialisme, dont témoignent les ouvrages de Balzac[64] et de Stendhal.[65] Et ceci, bien que Guizot ne semble pas s'être préoccupé outre mesure de la révolution industrielle, alors en plein épanouissement en Angleterre. Par ailleurs, Victor Cousin, qui s'était fait en quelque sorte l'apôtre du spiritualisme, comme armature des structures politiques des doctrinaires, cessa de se renouveler à partir de 1830, se répétant continuellement. Au grand désespoir de Guizot, la monarchie de Juillet sombra dans la médiocrité d'où sortirent les deux monstres qui susciteront l'ironie de Flaubert : la bêtise et l'ennui.[66]

Aubert conçoit tout autrement le rôle de l'individu. Même si l'état de nature, conçu par Hobbes comme la « guerre de tous contre tous », est dépassé, Aubert ne croit pas pour autant, comme Rousseau, que l'homme soit naturellement bon, mais il estime que « l'espèce humaine est perfectible » (p. 19). La société peut et doit aplanir bien des difficultés et calmer des tensions. Pour Aubert, comme pour Guizot, les avancées faites par la société aident l'individu à progresser constamment, mais, par la suite, « l'individualité [...] répugne davantage aux conditions étroites de la vie commune » (p. 25) :

> Individualité et société, voilà les deux éléments qu'il faudrait combiner, de façon à arriver au progrès simultané de l'un et de l'autre, de l'espèce et de

---

[63] François Guizot, *Discours prononcés à la Chambre de Députes, dans la discussion du projet de loi des fonds secrets*, Séances des 1er et 2 mars [1843], Paris, Imprimerie d'Édouard Proux et Cie, 1843, p. 8.
[64] Dans *Le Faiseur*, pièce de théâtre de Balzac, écrite en 1840, imprimée en 1848 et créée sur scène en 1851, un an après la mort de l'auteur, sous le titre *Mercadet*, Mme Mercadet répète à sa fille : « Mon enfant, il n'y a pas de bonheur possible dans la misère, il n'y a pas de malheur que la fortune n'adoucisse » (I, ix).
[65] Le roman de Stendhal, *Lucien Leuwen*, donne une bonne image du carriérisme et du marchandage des postes sous la monarchie de Juillet.
[66] Voir, à ce sujet, Pierre Rosanvallon, *Le Moment Guizot, op. cit.*, pp. 313-19.

> l'individu. Voilà la combinaison que n'ont pas encore tentée les socialistes : la nécessité du remède cependant est urgente, car, à vrai dire, l'individualité semble aujourd'hui prendre les devants, et il faudrait chercher à resserrer le lien social. (p. 25)

Pour Aubert, la société n'est pas un but : ce n'est « qu'un moyen » (p. 30). Même de nos jours, ce débat est d'une brûlante actualité. Nous faisons l'épreuve des limites du modèle démocratique qui s'était progressivement mis en place pour traiter politiquement, économiquement et socialement les rapports entre les classes. Les formules de démocratie économique et de négociation collective, qui avaient été instituées pour résoudre les problèmes que le seul suffrage universel s'était révélé insuffisant à régler à partir de la fin du XIXe siècle, sont en effet à leur tour inadaptées pour gérer, entre autres, la crise de l'État-providence, l'essoufflement du modèle social-démocrate et la baisse d'efficacité des thérapeutiques keynésiennes. L'Europe, dans l'ensemble, semble avoir adopté une interprétation plus collectiviste et plus solidaire du concept révolutionnaire de la « liberté », alors que le « rêve américain » s'est construit sur le dynamisme de l'individu, prêt à se frayer un chemin depuis la plus humble des cabanes jusqu'à la Maison Blanche, suivant l'exemple stéréotypé des personnages fictifs des romans d'Horatio Alger (1832-1899).

La Restauration ne refit pas l'Ancien Régime : elle entérina le passage d'une société fondée sur les corps sociaux à une société fondée sur l'individu et sur l'individualisme. Dans une certaine mesure, après l'épisode révolutionnaire, on peut y voir le premier acte de la modernité. En littérature, en peinture et en musique, le romantisme triomphant, qui valorisait la personnalité dans ses éléments les plus individuels, ne prit vraiment tous ses traits qu'en 1830, avec la première d'*Hernani* de Victor Hugo le 25 février et celle de la *Symphonie fantastique* de Berlioz le 5 décembre. En politique, avec la révolution de 1830, le romantisme devint libéral, alors qu'auparavant il s'était identifié à la droite. Toutes les grandes œuvres romantiques en France parurent pendant la monarchie de Juillet — Hugo, Lamartine (à partir des *Harmonies*), Musset, Vigny, Sand, Michelet — mais, à la fin de la décennie, la source romantique commença à se tarir. En revanche, en 1840, on vit éclore toute une floraison de philosophies sociales, soit théistes, soit panthéistes, qui partageaient un même postulat : selon elles le monde était en marche vers le bien, c'est-à-dire vers la justice et la fraternité. Ces premiers philosophes sociaux étaient très différents des partisans du socialisme positiviste et matérialiste de la deuxième période du XIXe siècle. Ils étaient nombreux à s'opposer à l'ascétisme chrétien et ils critiquaient l'Église, qu'ils accusaient d'avoir perdu le sens de sa mission au profit des institutions cléricales, mais ils n'étaient pas tous aussi critiques à l'égard de la religion traditionnelle. Ils modifiaient l'individualisme et le libéralisme de 1789, en réhabilitant la hiérarchie et l'intervention de l'État, afin de développer la solidarité au sein de la société. En 1839, dans *L'Organisation du travail*, Louis Blanc proposa la création d'ateliers sociaux. Étienne Cabet prêcha le communisme chrétien, dont il donna une description idéale dans le *Voyage en Icarie* (1840). En 1840 également, Pierre Leroux exposa sa doctrine sur la solidarité dans son livre, *De l'humanité, de son principe, de son avenir*, et Proud'hon publia sa critique de la société capitaliste dans une brochure intitulée : *Qu'est-ce que la propriété ?* Si l'on ajoute à toutes ces théories le positivisme d'Auguste Comte, qui s'exprimait déjà dans son *Cours de philosophie positive*, de 1839 à 1842, et les éléments avant-coureurs du *Manifeste communiste*, publié en 1848, on voit que les essais d'Aubert, même s'ils n'épousent pas ces théories, ont été rédigés néanmoins dans le contexte de réflexions multiples au sujet de la démocratie. Il est piquant de remarquer que c'est également en 1840 qu'Alexis de Tocqueville publia le second volume de sa *Démocratie en Amérique*, dans lequel il soulignait à la fois toute la grandeur de cet idéal mais également ses faiblesses potentielles (tyrannie de la majorité ou despotisme populaire), dangers aussi réels à l'époque d'Aubert que de nos jours. Raison de plus pour tirer de l'oubli ces essais d'un écrivain peu connu qui reflète pourtant si bien l'effervescence intellectuelle de sa jeunesse.

BARBARA WRIGHT

NOTE LIMINAIRE

Le texte qui suit est la transcription de deux essais inédits, écrits à l'encre par Albert Aubert, portant la date de « mars 1840 » et le titre : *Du Spiritualisme et de quelques-unes de ses conséquences*. Les folios du manuscrit, mesurant chacun 23,5 cm de haut sur 19 cm de large, ont été numérotés par l'auteur de 1 à 25, dans le cas du premier essai, et de 1 à 20, dans le cas du second. L'auteur a écrit uniquement sur la colonne extérieure des feuilles (la colonne de droite pour les rectos, la colonne de gauche pour les versos), laissant la colonne intérieure blanche pour d'éventuels commentaires. Les feuilles ont été attachées en deux fascicules.

Il n'est malheureusement plus possible de se référer au manuscrit original, qui se trouvait parmi les papiers d'Eugène Fromentin, ami d'Albert Aubert, à qui l'auteur avait remis son travail vraisemblablement pour en discuter par la suite. Avant la dispersion des papiers de Fromentin, j'ai eu l'occasion de consulter ces documents et d'en faire des photocopies en 1963, à une époque où cette technique était encore balbutiante. Ces photocopies seront données à la Médiathèque Michel Crépeau de La Rochelle, afin qu'elles rejoignent le fonds Fromentin créé à mon initiative à l'intention des futurs chercheurs.

À certains endroits, les lectures sont conjecturales, car les zones d'ombre des photocopies ne permettent pas de lire certains mots. On peut s'en rendre compte sur l'illustration qui est reproduite dans l'Annexe III : ici, l'avant-dernier folio, Texte 2, f⁰ 19, est déchiré et la déchirure laisse entrevoir quelques mots du Texte 2, f⁰ 1.

Au Texte 2, f⁰ 19, où le texte comprend une citation traduite de Herder, les mots manquants ont été restitués entre crochets.

BARBARA WRIGHT

ALBERT AUBERT

~

Du Spiritualisme et de quelques-unes de ses conséquences
Quelques conséquences du Spiritualisme

TEXTE 1

[f° 1] Dès longtemps on a épuisé toutes les formules de louanges et d'admiration, pour vanter dignement le Spiritualisme, cette philosophie de la raison pure qui tend toujours à élever l'âme « et », comme on a dit, « à lui alléger le poids de ses chaînes corporelles, en lui donnant un avant-goût de l'existence immatérielle et contemplative ». Le Spiritualisme a été trouvé beau et grand jusque dans ses erreurs, dont on n'a parlé qu'avec respect, comme étant de sublimes aspirations vers l'inconnu et l'insubstantiel. — Le matérialisme au contraire a été déclaré monstrueux dans ses aberrations ; ses vérités mêmes ont senti la chair et la boue dont cette chair est pétrie. Le Spiritualisme c'est la statue d'Hermès qui a des ailes aux pieds et aux mains, quelquefois même à la ceinture, ne touchant jamais terre, voltigeant ou planant ; tandis que le matérialisme est une de ces idoles japonaises qui, les mains sur les hanches et le nez penché en avant, se regardent perpétuellement le ventre. La philosophie moderne a perfectionné le Spiritualisme, et partant l'a vanté outre mesure, énumérant sans cesse les titres de cette doctrine, et les services rendus à la science par la première vue hardie de l'hypothèse. Bref, le Spiritualisme est la plus belle œuvre de l'humanité, et sans lui nous serions encore semblables aux premiers Iroquois que les Anglais rencontrèrent dans le Nord de l'Amérique. Enfin de nos jours, où l'on a d'une façon commune le talent de dire de vieilles choses d'une manière qui semble nouvelle, on a inventé ou restauré l'éclectisme, qui a pris une tournure récente [f° 2] pour louer le Spiritualisme comme tous ses devanciers et probablement comme tous ses successeurs. L'éclectiste annonce qu'il va choisir dans chaque système ce qu'il y a de bon, en y laissant ce qu'il y a de mauvais : or, il prend trois mots dans l'empirisme et trois pages dans le matérialisme : la conséquence est assez claire.

Peut-être cependant aurait-on dû mêler quelques paroles de blâme à ce concert unanime de louanges, peut-être le Spiritualisme n'est-il pas aussi méritoire envers l'humanité qu'on veut bien le dire. — Nous ne lui contesterons point ses titres, nous ne lui chercherons point querelle sur les éloges qu'il a reçus. Seulement à la suite de son panégyrique, nous ajouterons le « mais » fatal, éternelle restriction de tout blâme, comme de toute louange. Oui, le Spiritualisme élève l'âme, ennoblit l'homme etc. etc. etc. etc., *mais* il a tellement honni la forme et la matière, il a tellement négligé tout ce qui était sensible et palpable que les hommes, soumis peu à peu à cette influence, en sont venus à faire peu de cas du monde matériel, mépris absurde en lui-même, et funeste dans toutes ses conséquences. Voilà notre accusation nettement formulée, il ne s'agit plus que de donner des preuves.

Le Spiritualisme, chez les Grecs, commence avec Pythagore qui lui donne, comme Platon, sa forme la plus rigoureuse : il ramène tout aux nombres et aux chiffres ; et l'on ne doit pas s'étonner de trouver cette doctrine dès le commencement de la philosophie grecque. Le Spiritualisme tient à l'orgueil de l'homme. Aussitôt que la raison sort de l'enfance, elle se sent des forces inouïes, et veut marcher [f° 3] seule, poussée par cette maudite curiosité qui nous a déjà coûté si cher, et qui nous souffle encore dans l'oreille comme à nos premiers parents : « *eritis sicut Deus, scientes bonum et malum*[1] ». Pythagore est donc spiritualiste, mais il tient à la terre par le dogme de sa métempsychose, qui inspire à l'homme un si grand respect pour toute la création, et lui ordonne de marcher avec circonspection, de peur d'écraser sans le vouloir quelque sauterelle, où l'âme de son frère s'est peut-être nichée. — Platon, qui vint ensuite, donna au Spiritualisme tout l'éclat de son génie ; mais son système, rempli de fictions ingénieuses, ne fut regardé par ses contemporains que comme une grande conception poétique. D'ailleurs le Spiritualisme devait avoir peu d'influence dans la vie réelle, n'ayant pas encore de morale pratique, ni de religion qui pussent enseigner ses idées sublimes au commun des hommes : la morale et la religion du temps n'étaient rien moins que spiritualistes.

La religion, qui toujours sert de philosophie au grand nombre, était alors une perpétuelle glorification de la forme en général, et de la forme humaine en particulier, comme l'indique son nom d'Anthropomorphisme. Les Dieux étaient des hommes, mangeant et buvant comme de simples mortels, et n'ayant de plus que la force et la beauté ; c'était là leurs seuls titres, et tout ce qui sur la terre était beau et fort pouvait sans trop d'ambition espérer l'apothéose, soit que les hommes le missent après sa mort au rang des astres comme Persée, ou des demi-Dieux, comme Daphnis ; soit que l'aigle de Jupiter vînt l'enlever comme Ganymède, soit [f° 4] enfin qu'une déesse de l'Olympe, Vénus ou Diane, le voyant du haut des étoiles, endormi dans son bois sacré, ne le trouvât plus beau que les Dieux nourris

---

[1] « Vous serez comme des dieux, connaissant le bon et le mauvais » (*Genèse*, 3, 5). Dans *Faust I* de Goethe, ces mots sont inscrits dans l'album de l'étudiant par Méphistophélès, déguisé sous les traits du docteur Faust.

de nectar et d'ambroisie, et voulût descendre pour lui des demeures célestes, comme autrefois pour Endymion, le beau chasseur.

Les Dieux, se recrutant ainsi parmi les hommes, n'oubliaient pas leur origine ; la terre était leur royaume, et souvent ils quittaient l'Olympe pour venir la visiter. Si vous errez dans les prairies et dans les bois, vous courez risque de rencontrer tout au moins une troupe de Nymphes, assises en rond sur l'herbe, et racontant les malheurs de Vulcain ou la guerre des Géants. Peut-être aussi à travers une clairière verrez-vous passer Diane la Vierge avec son écharpe volante et ses brodequins entrelacés, suivie de ses Nymphes aux noms harmonieux, et de la meute que lui a donnée Jupiter. — Si l'on frappe à votre porte, hâtez-vous d'ouvrir. Ce pourrait bien être quelque Dieu qui vient éprouver votre hospitalité. Faites-lui bon accueil. Mettez l'oie grasse au feu. Demain l'hôte paiera son écot, en reprenant devant vous sa forme divine, et en laissant votre humble demeure toute pleine d'une odeur céleste. — Enfin si le soir vous avez quelque chagrin, si vous avez dans le jour rencontré des visages tristes, allez au bord de la mer, et certainement vous jouerez de malheur si vous n'y voyez pas le char de quelque divinité marine, aux yeux glauques, traînée par les Tritons, premiers inventeurs de la trompe marine, ou bien (ce que je vous souhaite plutôt) la Vénus Anadyomène, sortant des flots : fille de la mer, elle aborde au monde comme il convient à une divinité qui aime les [f° 5] hommes, toute nue et toute seule : elle se tient debout, son dauphin derrière elle, le pied sur sa conque de nacre. De sa main blanche elle soutient en l'air les flots de ses beaux cheveux où le vieux père Océan a semé ses perles les plus parfaites.

Vous cherchez les cérémonies du monde païen, les fêtes et les mystères ? Ici, nous Chrétiens nous serons obligés de nous signer et de détourner les yeux, tant il y a de nudités, tant la Grèce rappelle alors cette abominable race sémitique,[2] dont l'existence a été nommée pullulation et grouillement. Restez donc à la porte du Temple d'Eleusis. Les chants vous en diront assez, le bruit des rires et des baisers vous instruira et de reste. Regardez, mais de loin, danser les Bacchantes, les cheveux au vent, le thyrse à la main, le pampre sur la tête, en poussant des cris sauvages ; ne vous approchez pas, Chrétien, vous auriez dégoût et ne verriez là que des femmes ivres.

La poésie s'empara de cette religion et ne fit bientôt qu'une avec elle. Célébrant la beauté des Dieux et des hommes, elle jugea toute chose par la forme, et osa comparer les bras blancs d'Hélène à ceux de Junon λευκολενος, les yeux bleus d'une courtisane de Lesbos à ceux de Minerve γλαυκωπις. Enfin, par une audace incroyable, elle mêla les Dieux aux combats des hommes, et fit couler leur sang sur la lance d'un simple mortel, leur ôtant ainsi la supériorité exclusive de la force, après leur avoir contesté déjà celle de la beauté. — C'était le beau temps pour les

---

[2] Il est à noter que l'antisémitisme perdure, sous la monarchie de Juillet, même si la loi du 8 février 1831 précise l'égalité des ministres des trois cultes — catholique, protestant et israélite.

hommes, faits à l'image de la Divinité. Il y avait encore quelques gens (complaisants, sans doute, ou ayant la vue basse), qui les prenaient parfois pour le modèle.

[f° 6] Si nous envisageons maintenant la morale des anciens, nous la trouverons, comme leur religion, douce, facile et poétique. Sous le beau ciel de la Grèce, il faisait bon de vivre, et l'on savait, par les poètes, que même dans les Champs Élysées,[3] on regrettait la vie mortelle. Aussi devait-on s'efforcer d'en jouir le plus et le mieux possible. Il y avait bien des moralistes, mais ils étaient peu austères, et souvent leurs disciples les couronnaient de fleurs. Ces philosophes parlaient doucement et comme en cadence ; ils souriaient au jeune homme qui donnait la beauté comme le premier des biens. — « Non, disaient-ils, elle n'est que le second. Le premier, c'est la sagesse, c'est-à-dire l'art d'user sagement de sa beauté, comme de tous les autres biens ». Ce qu'ils recommandaient surtout c'était l'égalité de l'âme nécessaire pour bien jouir de la vie, en joignant l'exemple au précepte. Ils buvaient la coupe de la ciguë avec la sérénité de visage qu'ils avaient aux jours plus heureux en vidant la coupe d'Hercule.

C'était ainsi, mais, les poètes diminuant, les dialecticiens augmentèrent. Le Spiritualisme, reparaissant sous une forme plus austère, jeta les hauts cris contre cette religion et sa morale ; des hommes velus et barbus argumentèrent contre Vénus, et, sans être des géants, voulurent détrôner les Dieux. Ils commencèrent par attaquer la morale régnante. Une fois ce peuple réformé, pensaient-ils, les Dieux tomberont d'eux-mêmes, comme incestueux, adultères, parricides, etc. — Leur raisonnement était juste : ils attaquèrent donc la morale païenne, et proposèrent à sa place le Stoïcisme, véritable morale du Spiritualisme. Les Stoïciens, moralistes farouches, n'étaient [f° 7] souvent que des cyniques à peu près vêtus : ils commencèrent à vanter le mépris des richesses et les charmes de la pauvreté ; ils restèrent à l'ombre le matin, au soleil à midi, et refusèrent de croire à la douleur : « Fais ce que tu dois, advienne que pourra », tel fut le précepte de leur morale, précepte net et clair, entraînant obligation... De là date l'influence réelle du Spiritualisme. Il vient de trouver une morale. Il ne lui manque plus qu'une religion, car le peuple ayant besoin d'un culte, on lui avait laissé provisoirement les Dieux d'Homère. — Mais le Christ vint, et tout fut prêt pour le triomphe de la pensée et l'abaissement de la forme : lutte où l'humanité devait toujours perdre, quel que fût le vainqueur !

Le Stoïcisme regardait cette vie comme une épreuve. Le mysticisme chrétien, qui n'est autre chose que le Stoïcisme élevé à sa forme religieuse, enseigna que la vie est une expiation. L'homme est né pour souffrir et malheur à ceux qui sont bien partagés ici-bas, c'est autant de retranché sur leur part de l'héritage éternel.

---

[3] Dans la mythologie grecque, région des Enfers destinée aux grands hommes et où régnait un printemps perpétuel. Par extension, séjour des Bienheureux.

Vos yeux sont beaux et brillants ; éteignez-les par les pleurs. Votre corps est blanc et bien fait ; déchirez-le avec le cilice et la discipline. Le paganisme avait dit : « Respirons tes roses tant qu'elles ressemblent à tes joues ; embrassons tes joues, tant qu'elles ressemblent à tes roses ». Le Christianisme vous dit de laisser les unes dans les ronces, et de couvrir les autres de cendre. La nature est belle et riche, la vie est douce en Italie et en Grèce. Partez, troupes de moines, pieux anachorètes, allez vivre dans les solitudes de la Haute Égypte, en compagnie des lions du désert. Allez, macérez-vous, et bientôt vous en serez venus au degré de perfection du [f° 8] Stylite,[4] vous monterez sur sa colonne, et vous serez canonisés après votre mort.

Le Christ était venu pour les pauvres et les esclaves, pour les gens mal partagés en ce monde. Tous ces disgraciés se montrèrent impitoyables envers la beauté de la forme, la seule chose que ne pussent leur donner les nouvelles doctrines. On pouvait faire un partage de terres, on pouvait tenter un nivellement complet, mais la beauté seule devait conserver son aristocratie. On la honnit donc de toutes manières. On représenta Dieu d'une façon assez laide, et, dans la peinture du *Jugement dernier*, Michel-Ange mit en paradis des borgnes, des bossus, des aveugles, tandis que de belles femmes et de beaux Cardinaux étaient peints à la gauche du Sauveur, comme destinés aux flammes éternelles. — Le Stoïcisme avait déjà enseigné l'abnégation, le Christianisme la prêcha et en fit un dogme. Tous les plaisirs de la nature furent mis sous la forme des sept péchés capitaux. Alors commença pour le monde ce qu'ils appellent une ère de régénération.

O vieux monde, tout ce que tu as révéré est méprisé; tes idoles sont dans la poussière, l'herbe pousse dans tes temples. Voici de maigres anachorètes, vêtus de lambeaux troués. Voici de pâles martyrs, les épaules déchirées par les ongles du tigre qui montent sur les piédestaux de tes Dieux. Les statuettes des Nymphes et du Grand Pan, que le voyageur trouvait sur les routes et dans les forêts, sont remplacées par l'image de Jésus mourant sur la Croix, ou celle de quelque bienheureux Évangéliste, Marc ou Luc. Le Christ a enveloppé le monde dans son linceul. Il faut que la beauté rougisse d'elle-même et prenne un suaire. Beaux jeunes gens, frottés d'huile, qui luttez au soleil, dans [f° 9] la palestre,[5] jeunes filles de Sparte qui dansez la bibase,[6] et courez nues jusqu'aux sommets du Taygète,[7] reprenez vos tuniques et vos chlamydes.[8] Les yeux chrétiens sont chastes, et si vous souriez de plaisir en regardant votre beauté, le moine catéchumène vous

---

[4] Les anachorètes chrétiens, qui vivaient au sommet d'une colonne ou d'un portique en ruine, par esprit de pénitence, s'appelaient des « stylites » (le mot « style » signifie « colonne » en grec), dont l'exemple le plus célèbre fut Siméon le Stylite.
[5] La palestre était, dans la Grèce antique, le lieu où l'on pratiquait la lutte et autres exercices physiques.
[6] Sorte de danse bachique.
[7] Le Taygète, réputée dans l'Antiquité pour sa hauteur et son caractère majestueux, est une chaîne de montagnes grecque située dans le Péloponnèse.
[8] La « chlamyde » est un manteau court et fendu, agrafé sur l'épaule, porté par les anciens Grecs.

dira : « Vous n'êtes que poussière et vous retournerez en poussière ». Autrefois on parlait le moins possible de la mort. On avait, pour exprimer cette idée, des mots plus doux, qui signifiaient : « Il a été, il a vécu, il s'est acquitté, *defunctus est* ». Les vrais Chrétiens, en s'abordant, se disent : « Frères, il faut mourir ». « Vivez dans la pensée de la mort », disent les Pères. On nous avait déjà détachés du monde extérieur. Nous n'y tenions plus que par un lien, l'amour de notre propre corps. Voici comme on s'y est pris pour rompre ce dernier lien. On a enseigné que le corps devait être considéré comme un habit, bien ou mal fait, que nous avions à porter une saison, pour le jeter ensuite quand il serait usé. On nous a fait voir les taches et les souillures de cette étoffe grossière. Enfin, une fois l'âme partie de sa prison infecte, on nous a montré ce que devenait le corps, pour nous dégoûter du nôtre. On a jeté les restes de l'homme dans un charnier, comme s'il n'y avait point de cloaque assez impur pour contenir notre dépouille mortelle. On l'a mise à six pieds sous terre (pour empêcher sans doute le renouvellement de la résurrection), entre quatre planches. Là le corps peut pourrir à son aise, et pourrir jusqu'aux os. Puis, lorsqu'au bout de quelques années, on vous jettera hors de votre fosse, pour faire place à un nouvel arrivé, le Chrétien montrera ces tristes restes à ses néophytes [f° 10] et leur dira : « Voilà pourtant ce que c'est que de nous ».

L'ancienne Égypte embaumait précieusement ses morts, les habillait de bandelettes, et les plaçait dans la Ville des Morts, de l'autre côté du Nil, en face de la Ville des Vivants. Elle pensait que la vie durait autant que le corps, et les vivants se serreraient un peu pour faire place à ceux qui n'étaient plus. Touchante croyance ! Pieuse coutume ! Il semble qu'ainsi l'on ne mourrait pas tout entier. Dans cette vie, nous laissons quelque chose de nous-mêmes aux lieux que nous avons habités, aux objets que nous avons touchés. Dans la vie éternelle, il doit manquer quelque chose à l'âme. Elle a dû laisser quelque peu d'elle-même à ce pauvre corps, qui a souffert de toutes ses douleurs, sans jouir de tous ses plaisirs, qui lui a prêté si docilement ses organes et a eu tant de peine à se séparer d'elle. Quoi qu'on en dise, nous aimons ce corps dans lequel nous vivons. Nous l'aimons plus que toutes choses. Quelque triste et quelque disgracieux qu'il puisse être, l'habitude nous en fait chérir jusqu'aux défauts et l'âme après la mort sera, comme Dominie Sampson[9] (*Guy Mannering*), quelque temps avant de s'accoutumer à

---

[9] Abel Sampson, dit Dominie Sampson, précepteur de Harry Bertram, puis de sa sœur Lucy, dans *Guy Mannering*, roman de Walter Scott. *Dominie*, en écossais des Lowlands, désigne un maître d'école. Simple et généreux, Dominie Sampson était souvent distrait. Quand il fallait renouveler quelque partie de son costume, un domestique avait ordre d'entrer de nuit dans sa chambre, d'enlever le vieux vêtement et de laisser le neuf en échange, sans que Dominie Sampson s'en aperçoive : « Lorsque la métamorphose fut complète, [...] on vit bien qu'il semblait avoir vaguement conscience du changement qui s'était opéré dans son homme extérieur. Mais toutes les fois que cette expression de doute se manifestait sur sa physionomie, accompagnée d'un regard qui se fixait tantôt sur la manche de son habit, tantôt sur les genoux

ne plus retrouver la tache bien connue de son ancien habit. — Certes l'âme immortelle aurait pu penser à ce que deviendrait après elle le corps qui est périssable. Elle lui devait, ce semble, autre chose qu'un ignoble cercueil dans un cimetière. Les Grecs brûlaient le corps, espérant sans doute qu'ainsi vaporisé par le feu, il irait retrouver l'âme dans l'espace. — Nous avons trouvé cela trop flatteur pour la matière et nous avions mieux aimé l'enterrer.

Après tout, c'est peut-être une considération philanthropique qui a fait prévaloir cette coutume. [f° 11] Il y a beaucoup de gens qui trouvent cette vie telle qu'ils ne pensent pas pouvoir perdre au change. Et c'est ici que l'enterrement, cette dernière expression du mépris chrétien pour la forme, a été, je crois, d'une certaine utilité. Il est à croire que l'horreur de la fosse et la commisération pour le corps, destiné à cette épouvantable demeure, a retenu plus d'une main résolue au suicide. L'âme veut s'en aller. Voici le pauvre corps qui frémit et la supplie, au nom de leur longue union, au nom des plus chers souvenirs qu'ils ont en commun, de ne pas le laisser encore, pour être mangé par les vers, et comme le vieux serviteur, il s'écrie : « Ne me quittez pas, je me lèverai plus matin, je travaillerai davantage ». Hélas ! On a eu bien raison de dire : « Qui de nous peut se flatter d'être empaillé et mis sous verre après sa mort ? » Qui sera jamais regretté comme une chatte à longs poils, ou un chien sachant faire l'exercice ? On les met sur la cheminée du salon, et leur maîtresse dit souvent : « Comme il remuait bien sa patte, comme il faisait bien le gros dos ! » Mais parmi les hommes, ceux qui sont morts sont morts !

Le Spiritualisme était donc armé de toutes pièces. Il avait une morale et une religion. Il eut même une poésie, si l'on peut appeler ainsi les hymnes religieuses et platoniciennes de quelques Pères synésiens[10] entr'autres, qui chanta sur la lyre aux sept voix la sainte Trinité, « une en trois personnes, l'essence des essences, la monade des monades, le principe incréé des choses créées etc. ». Il mit la matière tout au fond des mondes, et lui donna une [f° 12] propriété ascendante, qui la faisait toujours aspirer vers une région plus noble. — Triste poésie ! Néanmoins le Spiritualisme ainsi complété dut agir puissamment sur les esprits, et modifier les idées acquises du sens commun. Tant qu'il fut sous le soleil de la Grèce et de l'Italie, tant qu'il parla devant les chefs-d'œuvre de l'antiquité et les beaux jeunes gens de Rome et d'Athènes, il eut tout l'air d'un triste paradoxe, qui pouvait convenir tout au plus encore aux esclaves et aux gens que la nature avait créés

---

de sa culotte, frappé qu'il était sans doute de l'absence de la vieille pièce ou d'une reprise qui, exécutée avec du fil bleu sur un fond noir, faisait un peu l'effet d'une broderie, on avait soin d'attirer son attention sur autre chose, jusqu'à ce que ses vêtements, par l'usage, se fussent adaptés à ses formes » (Walter Scott, *Guy Mannering ou L'Astrologue*, tr. Éd Scheffer, Paris, Firmin-Didot, 1882, p. 171).

[10] Disciples de Synésios de Cyrène (v. 370–v. 414), évêque de Ptolémaïs (Cyrénaïque), philosophe néoplatonicien.

physiquement incomplets. Mais une fois les chefs-d'œuvre détruits, et les belles races à peu près éteintes, une fois que la doctrine spiritualiste et mystique fut passée sous le ciel nébuleux et triste des Gaules et de la Germanie, elle dut s'y trouver sur son véritable terrain, et avoir plein succès, car elle était bien la philosophie du Nord. Les conséquences de cette domination absolue ne tarderont pas à paraître.

— Principales conséquences. —

— Avant d'en venir aux conséquences du Spiritualisme sur la forme, ce qui est proprement notre sujet, nous dirons quelques mots sur ce qu'il a produit en philosophie, en morale, et en littérature.

— Philosophie. — Sans parler ici du scepticisme idéaliste, la conséquence rigoureuse et dernière du Spiritualisme, je signalerai seulement, comme produit par la même doctrine, une autre sorte de scepticisme, tout psychologique, si l'on peut dire ainsi, et beaucoup plus répandu que le premier parmi ce qu'on appelle le vulgaire en fait de philosophie, c'est-à-dire les intelligences peu ou point métaphysiciennes. Depuis l'invention de la psychologie, [f° 13] on avait fait à l'âme et au corps des parts bien distinctes, et l'on pouvait dire précisément quelles étaient leurs limites réciproques ; peu à peu, les liens étant ainsi rompus, ce fut deux existences séparées. L'âme, ne songeant plus à l'étroite demeure où elle était enfermée, s'est crue dans l'espace et a tout oublié. Le corps n'a plus eu pour se conduire dans cette vie glaciale que les impulsions souvent aveugles de l'instinct avec un pâle reflet de cette intelligence toujours retenue dans des régions supérieures. Il y a les premières distractions des penseurs : ils ont bien leur propre voix. Leur nom même leur semble étrange ! Si vous les meniez devant une glace avec d'autres personnes, ils auraient besoin de hocher la tête pour se reconnaître. Et c'est ici le lieu de rappeler les charmantes paroles de Mr Xavier de Maistre, lorsqu'interpellant l'intelligence perdue dans les sublimités du ciel, il la prie de baisser un peu les yeux, et lui dit : « regarde ta bête (ton corps) lancée dans le monde, courir *seule* la carrière de la fortune et des honneurs ; vois avec quelle gravité elle marche parmi les hommes et, crois-moi, personne ne s'apercevra qu'elle est toute seule : c'est le moindre souci de la cohue au milieu de laquelle elle se promène, de savoir si elle a une âme ou non, si elle pense ou non. [...] Enfin, je ne m'étonnerais nullement si, à notre retour de l'Empyrée,[11] ton âme, en rentrant chez elle, se trouvait dans la bête d'un grand seigneur[12] ». — Ce scepticisme se trouve souvent chez des personnes, qui, sans s'occuper de science, ont pris l'habitude de descendre en elles-mêmes, de creuser leurs sentiments et d'analyser tout ce qu'elles éprouvent. Pour elles, le corps fait déjà partie du

---

[11] Dans la mythologie grecque, l'empyrée était la plus élevée des quatre sphères célestes et contenait les feux éternels, c'est-à-dire les astres.
[12] Xavier de Maistre, *Voyage autour de ma chambre* [1795], éd. Florence Lotterie, Paris, GF-Flammarion, 2003, p. 59.

non-moi.[13] C'est un étranger, un individu. C'est ainsi en un mot ; souvent nous nous demandons si c'est bien nous qui avons fait telle [f° 14] chose[14] ; souvent nous sommes obligés de nous tâter pour nous en convaincre, et encore tous nos doutes ne sont-ils pas dissipés. La certitude morale n'est point venue à l'appui de la certitude physique. — Ce scepticisme est un commencement d'aliénation mentale. Un homme qui le pousserait à ses dernières limites, devrait être renfermé dans la maison des fous.

Morale. — Le Spiritualisme nous a donné la morale stoïcienne, adoptée et perfectionnée par le Christianisme, dans les mains de l'Église. Cette morale est devenue semblable à une règle monastique, tant elle demande d'abnégation, de renoncement et de sacrifice. Les Frères Moraves nous donnent aujourd'hui une idée exacte de la société chrétienne, dans toute sa rigueur et telle que les fervents la voudraient voir sur tout le globe. Cette morale d'humilité, outre le défaut de bannir de la terre toute gaieté et tout plaisir, comme si la vie eût été déjà trop aimable, a l'immense tort d'ôter à l'homme ce qu'il y avait de mieux en lui, sa dignité : « Si tu reçois un soufflet, tend l'autre joue ». Je sais qu'on fait une réserve, reste, dit-on, la fierté morale. Mais il me semble que cette fierté se ressent toujours quelque peu de l'abaissement extérieur. L'homme doit être fier de lui-même, de sa raison et de sa forme. C'est un premier hommage rendu au créateur ; il a déjà un assez grand penchant pour la bassesse, ne l'y encouragez pas, ne lui en faites pas un mérite. L'humilité, au dire de bien des gens, est toujours une preuve de basse extraction : « Je gagerais qu'ils sont de bonne maison, ils ont l'air fier et mécontent...[15] » (Faust). Enfin la fierté est une beauté partout où elle se trouve, placée convenablement ; l'animal marche la tête levée, nous appelons même les gorets orgueilleux, et l'homme seul serait-il condamné à baisser les yeux et se cacher le visage ? Cette morale me semble avoir été dictée par le renard qui avait la queue coupée.[16] — Mieux pense cet idolâtre qui dit : « ce que j'aime en lui, c'est son orgueil ».

[f° 15] Poésie. — Je sais que beaucoup de gens tiennent peu de compte de la poésie, la trouvant ennuyeuse comme la lune, et de plus inutile. Mais il y a encore

---

[13] Le terme « non-moi » remonte aux *Principes fondamentaux de la théorie de la science* (*Die Grundlage der gesamten Wissenschaftslehre*) de Johann Gottlieb Fichte (1794), où il désigne tout ce qui nous est extérieur, par opposition au moi métaphysique.
[14] L'homme des Lumières, ayant troqué l'amortissement de son existence propre contre l'intelligibilité globale du système newtonien, se sent moins sûr de soi que des choses qui l'entourent, et en vient à douter de soi-même.
[15] Ainsi parle Frosch, membre de la « société joyeuse » dans laquelle Méphistophélès veut introduire Faust : « avec une rasade je livrerai les vers du nez à ces marauds comme une dent de lait. Ils me semblent être de noble maison, car ils ont le regard fier et mécontent » (Johann Wolfgang von Goethe, *Faust*, tr. Gérard de Nerval, Paris, Dondey-Dupré et fils, imprimeurs-libraires, 1828, p. 132).
[16] Jean de La Fontaine, « Le Renard ayant la queue coupée » (*Fables*, V, 5).

quelques individus, en arrière du siècle sans doute, qui trouvent « les roses plus utiles que les choux », aiment la poésie et ne pensent pas que ce soit du papier perdu. Pour ces gens-là, il peut donc être de quelque intérêt de savoir quelles sont les influences de la philosophie sur la littérature. — En France, le stoïcisme chrétien nous a donné non pas la poésie du cœur, comme on l'a dit (elle était connue bien avant lui, et c'est là une branche de la véritable poésie qui ne doit rien à personne), mais la poésie vertueuse, ce genre faux et lourd, le moins poétique qui fût jamais. Non seulement l'homme ne sera pas jugé par l'extérieur, mais on ne tient même aucun compte de la forme. On n'apprécie que les grands sentiments ; la forme a pourtant cet avantage qu'elle est sous les yeux du juge, tandis que pour juger ce qui se passe au dedans, il faudrait que nous eussions au cœur cette petite fenêtre dont parlait Momus.[17] Ce genre de poésie n'est pas renfermé dans des poèmes à part, c'est une teinte répandue sur l'ensemble de toute notre littérature classique, et formulée en maximes. Aussi ne se douterait-on guère que nous avons imité la poésie antique, où l'émotion du poète est toujours trop vive pour qu'il y ait intention morale, où l'on s'arrête en tout à la superficie, c'est-à-dire à ce qui se rapproche le plus de la forme, où, enfin, pour peindre la douleur, on se contente de dire qu'elle verse des larmes : le placage du genre vertueux sur l'antique fait un effet fort singulier. Achille est un homme d'honneur, Iphigénie est Chrétienne, Hippolyte est chaste, non pas comme dans Euripide par un vœu sacré, mais par amour contraire etc., etc. C'est là, je crois bien, ce que notre poésie classique doit au Christianisme.

[f° 16] En Allemagne, ce fut le genre fantastique, c'est-à-dire le spiritualisme littéraire, comprenant toutes les divagations de l'esprit, tous les fantômes de l'imagination, toutes les sortes de rêveries, depuis la simple méditation, jusqu'à l'extase. Nous avions des couleurs, des formes, le fantastique a passé sur nous une éponge trempée dans les brouillards du Nord ; les contours se sont effacés, les couleurs se sont fondues et mêlées ; tout est devenu vaporeux, tout a été liquidé et changeant ; comme dans la fable du *Roi des Aulnes*,[18] la scène s'est toujours passée dans les nuages ; puis sous les nues, les incroyables aberrations d'esprit, les imaginations les plus burlesques, à côté des mélancolies plaintives sans sujet de plainte : « Puissé-je te consoler ? — Me consoler ? Eh de quoi ? — » Et l'on s'est glorifié d'être inventeur, car les anciens n'avaient pas contenu ce genre de poésie ; du moins est-il qu'ils se sont moqués de tout ce qui affectait une forme aérienne ; Aristophane met Socrate dans un panier sur la planche où d'ordinaire

---

[17] Selon Lucien (*Hermotimus*, 20), Momus (la Raillerie personnifiée dans les mythologies grecques et romaines) critiqua la façon dont Héphaïstos avait façonné les hommes, en oubliant d'ouvrir dans leur poitrine une petite fenêtre qui eût permis de voir leurs pensées secrètes.
[18] *Der Erlkönig*, poème de Goethe (1782), d'après un poème de Herder, dont la première traduction française est due à Charles Nodier. Il fut mis en musique (*Lied*) par Schubert en 1815.

on plaçait les fromages ; le chœur est composé de nuées, qui disent cependant des choses plus compréhensibles que les vers de certains poètes allemands. Nous sommes sur la terre, nous y avons pris racine. Attendez que vous ayez inventé des ailes, d'ici là vos prétentions sublimes et excentriques sont ridicules ; à chaque instant la matière vous tire par le pied, et vous ramène ici-bas, poète centrifuge ; votre auditeur le plus fervent, voyant de la fenêtre passer une belle femme, pense aux beaux yeux qu'il vient d'apercevoir, et il est rapporté dans un livre que M. de Bièvre,[19] le plus grand homme du monde en fait de coqs à l'âne, écoutant lire des vers sur la fatalité et le libre arbitre, improvisa *in petto* cette strophe admirablement niaise :

> Le bonheur et le malheur
> Nous viennent du même auteur.
> [f° 17] Voilà la ressemblance.
> Le bonheur nous fait heureux,
> Et le malheur malheureux.
>   Voilà la différence.

Il n'y a que les Allemands pour écouter patiemment et ne point se décourager de ne pas comprendre.

Passons maintenant au chef d'accusations le plus grave ; disons que la conséquence la plus immédiate du Spiritualisme chrétien fut la dégénération de la race humaine, sous le rapport de la force et de la beauté.

— Force. — Que sous le rapport de la force nous soyons dégénérés, que nous dégénérions tous les jours, ce me semble un fait hors de doute, et le vieillard, « *laudator temporis acti*[20] », peut avoir raison, car souvent la décadence est visible d'une génération à l'autre. Sans remonter aux travaux d'Hercule ou de Thésée, sans parler de la fécondité d'Hécube ou de Niobé, sans rappeler le bouclier de Minerve de Vitellius,[21] rempli de cervelles de faisans et de paons, de langues de phénicoptères et des foies de scarrus, l'histoire conserve le souvenir des pieds du Lombard Liutprand, longs d'une coudée, nous pouvons voir dans nos musées les armures de nos pères où nous tiendrions deux à l'aise, et nos buveurs seront effrayés en se rappelant que le maréchal de Bassompierre[22] vida d'un trait sa

---

[19] Le marquis de Bièvre, célèbre pour ses calembours, mourut en 1789. Il était fils du chirurgien du roi, nommé Maréchal. Dédaignant le nom de son père, il acheta la terre de Bièvre. Un de ses amis qui l'entendit annoncer sous ce titre, lui dit : « Mais, mon ami, tu as mal fait de ne prendre que le titre de marquis ; il t'en aurait moins coûté de te faire appeler le maréchal de Bièvre ».
[20] Citation de l'*Art poétique* d'Horace, signifiant « celui qui fait l'éloge du temps passé ».
[21] L'empereur Aulus Vitellius fut connu pour sa célèbre gourmandise. Il inaugura un plat gigantesque qu'il nommait, à cause de ses proportions insolites, « bouclier de Minerve Poliade ».
[22] François de Bassompierre, s'étant distingué dans la plupart des guerres menées par Henri IV et puis Louis XIII, fut nommé en 1614 colonel général des Suisses et en 1622 maréchal de

grande botte à la santé des 13 cantons. Je sais qu'on a donné diverses raisons à cet affaiblissement de la race humaine ; on a dit entr'autres qu'il y avait en nous le principe même de la décrépitude ; et que les poètes antérieurs au Christianisme font déjà foi de cette décadence « *grandiaque ossa*[23] ». — Toujours est-il que ce principe de mort, mis en nous par nos pères, a dû être merveilleusement secondé par une morale et une religion qui vantait les faibles et les malades comme devant être plus forts et mieux pourvus dans l'autre vie.

Cet affaiblissement a beaucoup influé sur la santé des hommes ; nous souffrons de deux jours [f° 18] l'un, quelquefois plus souvent ; de la faiblesse de notre estomac naquit sans doute cette tristesse vague qui de nos jours est la plaie de tant de bons esprits. On ne sait pourquoi, mais au milieu d'un éclat de rire, on se sent pris tout d'un coup d'une grande tristesse, et prêt à pleurer. Ce genre de sentiment que la poésie actuelle a exploité d'une façon souvent outrée et peu naturelle, n'en est pas moins vrai, les gens les plus positifs et les plus gais en conviennent, seulement ils appellent malades ceux qui se laissent aller à leurs idées noires, et ils ont quelquefois le tort de confondre la tristesse avec le spleen, cette sorte d'indigestion, passée à l'état chronique, de nos voisins, les mangeurs de viande fraîche.

— Beauté. — Quand la force et la santé s'altérai[en]t, la forme devait dégénérer plus encore. Chacun sait combien il est difficile de conserver la race des chevaux pur sang, quelles précautions, quels soins il faut prendre pour empêcher qu'elle ne s'altère et ne se détériore. Que n'y a-t-il aussi des haras royaux pour l'espèce humaine[24] ? Notre forme ne vaut-elle pas celle d'un cheval ? — La maigreur nous a déformé les membres, les épaules se sont resserrées, le cou s'est raccourci, les hanches sont ou mal assises ou peu sensibles ; l'aristocratie des pieds et des mains devient de plus en plus rare.

« Et ce miroir terni qu'on nomme face humaine[25] » (Marion Delorme) a perdu toute la pureté de ses lignes et est devenu le plus singulier assemblage de figures

---

France. Théophile Gautier, dans sa Préface à *Mademoiselle de Maupin* (1834), fait également allusion à cette anecdote concernant la botte de Bassompierre (éd. Georges Matoré, Paris, Droz, 1946, p. 34).

[23] « Grandiaque effosis miribatur ossa sepulcris » : [Le paysan] déterrant la tombe verra avec étonnement des ossements gigantesques (Virgile, *Les Géorgiques*, I, 497).

[24] De l'eugénisme avant la lettre.

[25] Aubert débute sa citation par le mot « Et », au lieu de « Sur », dans l'original (Victor Hugo, *Marion de Lorme*, I, ii, *Théâtre complet*, I, éd. J.-J. Thierry et Josette Mélèze, Bibliothèque de la Pléiade, Paris, Gallimard, 1985, p. 974). Dans cette pièce, Didier, marginal et exclu dans un monde où le nom, la fortune et le privilège jouent comme critères dominants de l'intégration, emploie ces termes pour se décrire à Marion. Baudelaire, séduit, en 1840, par « la beauté de ce drame » (Charles Baudelaire, *Correspondance*, éd. Claude Pichois, Paris, Gallimard, « Bibliothèque de la Pléiade », 1966, I, p. 81), déplore, en 1862, sa « préoccupation des faibles, des proscrits et des maudits » et son « goût de la réhabilitation » (Charles Baudelaire, *Œuvres complètes, loc. cit.*, p. 219).

géométriques. Bientôt on a été réduit à dire « le beau sexe », mot qui suppose la contrepartie « le vilain sexe ». Une beauté veut dire une femme, l'homme est complètement oublié et sacrifié. Autrefois cependant il avait autant de titres que la femme à la beauté ; les deux formes se tournaient, et n'avaient pas l'air de deux espèces diverses. La statue et la fiction d'Hermaphrodite, fils d'Hermès et d'Aphrodite, est une des plus suaves créations du génie païen. Il est heureux du moins que les femmes aient soigné [f° 19] un peu plus que nous la conservation de leur forme. Aujourd'hui une belle figure serait la chose du monde la plus rare. Quelques artistes même plus difficiles veulent nous faire entendre que le beau sexe est fort laid ; amoureux des statues, qui se laissent voir tant qu'on le désire, ils crient que la beauté se raréfie chaque jour : « Il y a si peu de belles femmes que le gouvernement devrait forcer toute personne, atteinte et convaincue de beauté notoire, à se montrer au moins trois fois par semaine sur un balcon, pour que le peuple ne perde pas tout à fait le sentiment de la forme et de l'élégance ».

Et c'est ici le lieu de réfuter ces absurdes proverbes qui ont cours parmi nous, et qui reviennent tous ou à peu près à celui-ci : « l'habit ne fait pas le moine ». Les enfants encore au berceau entendent dire que l'homme a la permission d'être laid, qu'il faut seulement avoir l'âme belle, qu'on n'a pas besoin d'être bien mis, mais toujours proprement etc., etc. Eh ! jugeons-nous un animal quelconque par ses qualités morales et intrinsèques, c'est-à-dire invisibles ? Nous promenons-nous sur un cheval éclopé mais vertueux ? Achetons-nous un chien qui est borgne, il est vrai, mais qui remplit exactement ses devoirs ? L'homme malgré lui se sent attiré vers tout ce qui est beau, et comme prévenu en sa faveur. La vue est le sens dont les plaisirs sont les plus rares, mais aussi les plus vifs peut-être. Cependant, tous n'avouent pas cet empire secret de la beauté ; quelque poètes seuls l'ont reconnu hautement : « Des lèvres de son époux, dit Milton, les paroles ne lui plaisaient pas seules[26] ». Et cet autre va plus loin : « J'aime mieux une jolie bouche qu'un joli mot, et de belles épaules qu'une vertu même théologale ». — Nous avons déjà fait voir à qui l'on devait attribuer cette décadence et ce mépris de la forme. Le mépris amena la décadence, et aujourd'hui la décadence confirme et justifie le mépris.

[f° 20] L'art, représentation de la beauté humaine, dut avoir le même sort que son modèle : le monde palpable est mort, il n'y a plus de sculpture ; des habits absurdes ont couvert le corps, et pour être sculpteur, il faut avoir étudié l'art du tailleur, car les nudités ne sont point admises dans les jardins publics.[27] Je ne parle

---

[26] John Milton, *Le Paradis perdu*, tr. Chateaubriand, éd. Claude Mouchard, Paris, Belin, 1990, VIII, p. 321.
[27] Le goût particulier de Napoléon 1er pour les portraits en costume du temps, ainsi que la conviction des théoriciens de l'époque qu'il fallait « glorifier les héros par "le nu et le drapé" », ont fait que la discussion n'était plus « sur la nécessité d'utiliser le costume antique mais sur les différentes manières de l'utiliser » (Isabelle Leroy-Jay Lemaistre, « Beau comme l'antique, vrai comme la nature », dans *Sculpture et poétique : Sculpture and Literature in*

ici que de la sculpture ; en fait de représentation, il me semble que c'est le seul art véritable. Disons aussi que l'architecture a eu le sort de nos vêtements ; tout a été coupé carrément, tout a été mis en uniforme.

Si Paris était quelque jour enseveli sous un volcan, comme Stabia, Pompéi et Herculanum sous le Vésuve, lorsque plus tard la postérité viendrait fouiller dans la ville morte, quelle pauvre idée aurait-elle de nous, de notre existence et de nos merveilles[28] ! Du marbre, il n'y en a que sur les cheminées ; du cèdre, il y en a un pied au jardin du roi ; mais en revanche les curieux verraient beaucoup de maisons de cinq et six étages de haut avec des balcons en fer creux, ils verraient le Panthéon chancelant sur ses béquilles de pierre,[29] les Tuileries retouchées par Mr Fontaine,[30] et nos profils pétrifiés, ce qui formerait une jolie collection.

Enfin pour signaler une dernière conséquence, qui dérive assez naturellement des précédentes, la santé de l'homme ayant diminué, et la tristesse lui ayant souvent obscurci le front, la raison elle-même s'est offusquée ; le corps et l'esprit étant malade, la perception pure a dû recevoir quelque atteinte ; le spiritualisme qui sacrifiait tout au développement exclusif de cette raison a vu ses efforts se tourner contre lui ; personne parmi nous ne pourrait se vanter d'être un logicien plus habile qu'Aristote ; un faiseur de théories plus grandes ou plus poétiques que le divin Platon : les spiritualistes allemands n'ont pas, je crois, de si hautes prétentions.

[f° 21] À la fin du dernier siècle, il y eut comme une tentative de relever la forme. On avait compris les défauts de l'imitation des anciens ; la critique plus saine et plus éclairée commençait à faire sentir la poésie grecque, jusqu'alors méconnue ; la philosophie matérialiste, malgré les nombreuses réfutations qu'elle avait à subir chaque jour, rappelait cependant les esprits et les yeux vers la forme si longtemps sacrifiée. Goethe, le visionnaire, l'auteur de la *Nuit du Sabbat*, Goethe, disciple du grand idéaliste Kant, laisse échapper ces paroles, qui lui furent

---

France, 1789-1859, numéro spécial de *Nineteenth-Century French Studies* (vol. 35, n° 1, Fall 2006), dirigé par L. Cassandra Hamrick et Suzanne Nash, p. 41).

[28] Cette même éventualité fut évoquée par Théophile Gautier en 1834 dans sa Préface à *Mademoiselle de Maupin* (éd. cit., p. 38).

[29] Soufflot, pendant la construction du Panthéon, se rendit compte que le dôme pesait trop lourdement sur les trente-six colonnes corinthiennes disposées circulairement à la base, et il mourut en 1780, désespéré. Son successeur, Rondelet, afin de donner plus de solidité au bâtiment, remplaça les colonnes isolées par de lourds massifs de maçonnerie, appelés également « béquilles de pierre », par Théophile Gautier, dans sa Préface à *Mademoiselle de Maupin* (éd. cit., p. 39).

[30] Les « Révolutions de la quinzaine » du 14 novembre 1831, parues dans la *Revue des deux mondes* (1831, IV) font état du tollé suscité par l'institution d'un fossé au palais des Tuileries : « Tant qu'il n'a été que l'architecte du duc d'Orléans, M. Fontaine s'est montré un homme habile et intelligent [...] ; mais depuis le fossé des Tuileries, M. Fontaine est certainement le plus détestable et le plus maladroit architecte qu'on ait placé à la tête des monuments d'une grande nation » (p. 421).

arrachées sans doute par une émotion poétique vraie et forte : « je crois que si j'avais toujours sous les yeux la belle tête du Jupiter Olympien, j'en deviendrais meilleur[31] ». Admirable éloge de la forme, surtout dans la bouche de ce poète. En France, André Chénier tâchait de retremper notre poésie à la grande source de l'antiquité. Enfin le pieux Lavater publiait son immortel ouvrage de la physiognomonie[32] : il avait longtemps étudié le visage de l'homme, et son bonheur était de rencontrer des visages beaux ; il les aimait comme d'autres aiment les fleurs, et la beauté du visage était pour lui le signe certain d'une belle âme ; il pensait avec raison qu'un homme de cœur ou d'esprit n'est jamais tout à fait laid. Quel moraliste du 17e siècle n'eût pas été stupéfait rien que d'entendre dire à Lavater, « ne fût-ce que par amour de ta chevelure, ô Algernon Sidney, je te salue[33] » ? — Je sais que cet amour de la forme a été poussé un peu loin par quelques-uns toujours excessifs, et quand je loue Lavater, je ne prétends pas qu'on ne puisse chercher noise à un auteur plus moderne sur les paroles suivantes : « Rien qu'à la façon dont il descendit de cheval, je le pris en affection ». Ce me semble un jugement au moins précipité. [f° 22] Cette réaction en faveur de la forme se recommande à nous par un de ses effets, n'eût-elle eu d'ailleurs que celui-là. Je veux parler de Canova, de sa *Madeleine*[34] et de tous ses chefs-d'œuvre.

---

[31] Mme de Staël reprend cette citation, en parlant de Goethe : « il ne recherche pas seulement le plaisir que peut causer la vue des statues et des tableaux des grands maîtres, il croit que le génie et l'âme s'en ressentent : "J'en deviendrais meilleur, disait-il, si j'avais sous les yeux la tête du Jupiter Olympien que les anciens ont tant admirée" » (« Des beaux-arts en Allemagne », *De l'Allemagne*, II, ch. 32).

[32] L'auteur écrivit ici « physiognomie », confondant ainsi la « physionomie », d'après laquelle, selon la méthode de la « physiognomonie », l'on pouvait lire le caractère ou la personnalité d'une personne dans les traits physiques de son visage. Cette théorie, qui remonte à l'Antiquité (notamment dans les écrits d'Aristote), connut son essor avec les *Physiognomonische Fragmente* de Kaspar Lavater en quatre volumes (1775-1778), dont la traduction française, intitulée *Physiognomonie ou l'art de connaître les hommes*, parut de 1806 à 1809. Dénuée de méthodologie scientifique, cette pseudoscience contribua au mouvement de racisme scientifique qui se développa au cours du XIXe siècle. Voir aussi Benoît Peeters, « Le Visage et la ligne : zigzags töpfferiens », dans *Töpffer : L'Invention de la bande dessinée*, dir. Therry Groensteen et Benoît Peeters, Paris, Hermann, pp. 1-64.

[33] George Sand aussi fait référence à cette citation de Lavater dans ses *Lettres d'un voyageur*. Elle compare l'approche de Lavater, « ecclésiastique », à celle de Franz-Joseph Gall, « médecin », trouvant que « notre siècle, positif et matérialiste, a dû préférer l'explication mécanique à la découverte philosophique » (*Lettres d'un voyageur* [1834-36], éd. Suzel Esquier, George Sand, *Œuvres complètes*, Paris, Champion, 2010, p. 458). Pourtant, elle ne manque pas de sympathie pour l'approche de Lavater : « Cette passion sainte pour le beau, parce que, selon Lavater, la vraie beauté physique est inséparable de la beauté de l'âme, s'exprime en plusieurs endroits [...] avec une véritable naïveté d'artiste » (*ibid.*, p. 464).

[34] Antonio Canova (1757-1822) sculpta en 1809 *Marie-Madeleine repentante*, marbre haut de 94 cm, actuellement conservé au Musée de l'Ermitage et reproduit sur la première de couverture du présent ouvrage. Cette œuvre de Canova inspira un commentaire analogue à Charles (ou Jean-Charles) Lévêque (1818-1900), qui fut normalien de 1838 à 1841 (donc, de

On crut un instant que la statuaire allait renaître, les princesses de l'Empire venaient poser dans l'atelier du sculpteur, mais après lui tout redevint comme devant ; ces gens-là ne laissent jamais de successeurs. Cependant si la réaction s'arrêta là pour les arts, en poésie elle eut des effets plus durables. Quand on en était revenu à la forme, le poète trouva l'espèce humaine tellement décrépite et vulgaire qu'il ne la jugea pas digne de ses chants ; ne voulant pas d'un autre côté remonter aux anciens ou aux *Mille et une nuits*, il se rejeta sur la nature, dont la beauté était toujours restée intacte, et avait résisté aux efforts destructeurs de l'homme qui aurait voulu la voir s'abâtardir avec elle. La nature était encore belle comme autrefois, « [...] tes ouvrages sont beaux, comme au premier matin[35] » (Faust).

Milton avait dit : « la terre tient du ciel cette agréable variété de collines et de vallées[36] ». Plus tard, en lisant toutes les descriptions de l'Éden et du Paradis futur promis aux élus, le poète s'avisa de jeter les yeux autour de lui, et de trouver la terre plus belle que le ciel. Alors, au lieu de célébrer les douceurs de la pauvreté et le charme d'un « *extérieur obscur* », il chanta les forêts et les montagnes. Il fut épris d'une belle passion pour les torrents, et devint amoureux de toutes les petites fleurs bleues qui poussent dans les bois. Le genre était neuf et magnifique ; malheureusement le genre rêveur, dont nous avons signalé l'origine spiritualiste, va se mêler où il n'avait que faire. Ce ne fut plus une poésie, ce fut un système, on voulut trouver un sens au parfum des fleurs, au frémissement des grands arbres ; on vint s'asseoir en silence auprès de la nature, et l'on écouta, croyant que dans ses mille [f° 23] bruits, elle laisserait peut-être échapper le mot de l'énigme. Ce ne fut plus de la forme des fleurs qu'on s'occupa, ce fut plutôt de leur âme. — Telle fut cette réaction commencée à la fin du dernier siècle, et qui probablement n'aura pas de longues destinées : elle semble même avoir eu peu d'influence sur la marche des idées, car le mépris de la forme devait de nos jours se prononcer plus que jamais peut-être. Un grand poète de notre époque[37] osa mettre sur la

---

la promotion immédiatement antérieure à celle d'Aubert) et occupa à la fin de sa carrière une chaire de philosophie à la Sorbonne (1854), puis la chaire de philosophie grecque et latine au Collège de France, où Henri Bergson lui succéda en 1900 : « La *Madeleine* de Canova, chrétienne par l'expression de la douleur pénitente, est grecque par sa nudité décente et par la beauté de son corps, que les austérités du repentir n'ont pas eu encore le temps d'exténuer » (*Le Spiritualisme dans l'art*, Paris, Baillière, 1864, p. 67).

[35] Ces mots, prononcés ensemble par les trois archanges, Raphaël, Gabriel et Michel, figurent au tout début du Prologue du *Faust* de Goethe.

[36] La citation exacte est la suivante : « la terre tient du ciel cette variété agréable de colline et de vallée » (John Milton, *Le Paradis perdu*, éd. cit., VI, p. 289).

[37] Victor Hugo écrit, dans la préface de *Cromwell* : « [...] la muse moderne [...] sentira que tout dans la création n'est pas humainement **beau**, que le laid y existe à côté du beau, le difforme près du gracieux, le grotesque au revers du sublime, le mal avec le bien, l'ombre avec la lumière » (*Cromwell*, *Théâtre complet*, I, *loc. cit.*, p. 416).

scène le beau et le laid à peu près en égales portions[38] ; il crut assez de stoïcisme à ses spectateurs pour pouvoir parler de la laideur en leur présence, sans leur rappeler des idées par trop fâcheuses. Il est vrai que beaucoup de gens n'ont ri que du bout des lèvres, et que le poète n'a pas tout à fait gagné son procès ; il avait du moins le courage de dire la vérité, et ne voulut pas prendre le genre noble, n'ayant pas l'intention de nous faire croire que nous ressemblions aux habitants de Rome ou d'Athènes.

Maintenant il nous reste à tirer nos conclusions ; elles sont assez évidentes, je crois, pour que nous n'ayons pas besoin de les formuler. Mais, me dira-t-on, fallait-il préférer le matérialisme ? Je ne prétends pas cela, seulement j'ai voulu faire voir ici que le Spiritualisme, aidé de sa morale, le Stoïcisme, et de sa religion, le Christianisme, a persuadé à l'espèce humaine de ne tenir en rien compte de la forme ; lequel mépris seul fut assez puissant pour nous rendre petits, faibles et laids, de grands, forts et beaux que nous étions autrefois, à moins que toutes les traditions et les monuments aient menti. Je me contente de déplorer les conséquences du Spiritualisme, et je trouve malheureux que l'homme n'ait su cultiver en même temps l'âme et le corps, l'esprit et la matière, en les faisant l'un et l'autre servir à leur développement mutuel. L'espèce humaine est perfectible, nous dit-on chaque jour ; je pense que la forme n'est pas exclue de cette perfectibilité.

[f° 24] Je terminerai en présentant aux Chrétiens quelques objections qui vengent jusqu'à un certain point la forme du mépris que les adorateurs du Christ affichent pour elle en toute occasion. Je leur dirai qu'ils ont tort de faire fi de la beauté extérieure ; car il n'est pas sûr qu'au jour de la résurrection, on sorte du cercueil plus beau qu'on y était entré. Il y a même plus d'un texte qui semble dire le contraire : « Si ton œil te fait achoppement, arrache ton œil, il vaut mieux *entrer borgne* dans le royaume de Dieu, que d'être jeté avec tes deux yeux dans la géhenne d'enfer, où le ver ne meurt point, et où le feu ne s'éteint point » (Évangile selon St Marc[39]). Or je crois pouvoir prédire aux élus futurs que dans le Paradis la beauté sera encore maîtresse et reine comme ici-bas ; il est vrai qu'une grande partie de ce qui est beau sera plongée dans les Enfers, pour n'avoir pas voulu arracher l'œil qui lui faisait achoppement, sous le vain prétexte que cet œil était d'un beau bleu et qu'on y tenait.

Enfin je ne puis m'empêcher d'en vouloir à toute cette école philosophique et religieuse en pensant à la piteuse mine que feront nos petites générations, complètement nues, au dernier jour, dans la vallée de Josaphat. Pour peu que

---

[38] Michelet condamne aussi le goût romantique de la laideur. En 1846, il remarque : « Les romantiques avaient cru que l'art était surtout dans le laid. Ceux-ci ont cru que les effets d'art les plus infaillibles étaient dans le laid moral » (Jules Michelet, *Le Peuple*, éd. Paul Viallaneix, Paris, GF Flammarion, 1974, p. 63).
[39] *Évangile selon saint Marc*, IX : 43-48.

l'herbe soit haute, on ne verra certainement pas nos arrières-neveux : les hommes d'autrefois, avec leur grande taille, riront bien de cette postérité pour laquelle ils avaient tout fait, et Dieu (à moins qu'il n'ait réellement de la barbe comme dans les peintures) commencera peut-être à douter que les hommes soient faits à son image ; il pourra même, entr'autres griefs, nous demander pourquoi nous avons laissé se dépraver la forme parfaite qu'il nous avait donnée.

Malheureuse humanité ! S'il y avait au moins quelque espoir de guérison ! Mais non, le mal est incurable ; nous nous avançons à grands pas vers cette décadence. Bientôt l'homme n'osera plus [f° 25] regarder en face ses semblables, et l'on comprendra le sens profond et triste de cette demande d'un vieillard : « Fait-on encore l'amour aujourd'hui ? » Mme de Staël a trouvé ces paroles plaisantes et presque niaises, je crois qu'elle a eu tort. Condamné longtemps par le Christianisme, repoussé maintenant par la laideur de la forme, qu'est devenu l'amour, ce présent des Dieux ? Il se fait rare, et lui qui vivait autrefois de la forme et pour la forme, aujourd'hui se perd aussi bien dans le Spiritualisme, car il n'est plus qu'une rêverie sans fin et sans objet, à la recherche d'un idéal introuvable.

Là s'arrête mon travail, mais je dois dire en finissant, et sous forme de prétermission, combien le Spiritualisme, qui en Allemagne est passé dans les mœurs toutes mystiques du peuple, commence à jurer en France, où le goût artistique, en grande faveur aujourd'hui, amènera tôt ou tard le matérialisme le plus effronté : mais il y a là tout un sujet d'études que je ne veux pas aborder.

TEXTE 2

[f° 1] Lorsque je demandais du temps pour vous répondre, je pensais aux sages paroles de Mr Joseph de Maistre : « Toutes les fois, nous dit-il, qu'un homme, qui n'est pas absolument un sot, vous présente une question comme très problématique, après y avoir suffisamment songé, défiez-vous de ces solutions subites qui s'offrent à l'esprit de celui qui s'en est ou légèrement ou point du tout occupé : ce sont ordinairement de simples aperçus sans consistance, qui n'expliquent rien et ne tiennent pas devant la réflexion[40] ». Cet excellent précepte m'était revenu dans l'esprit au moment même où vous me demandiez tous deux une solution : je ne veux pas dire cependant que j'eusse été sans réfléchir déjà sur cette question difficile, mais, instinctivement porté à l'amour du repos et de l'obscurité, je m'étais payé jusqu'alors de raisons privées, et je devais craindre que ces raisons ne fussent pour vous rien moins que persuasives et concluantes. J'ai donc dû revenir sur ma conviction, au risque de l'ébranler, et de perdre la règle et le bonheur de ma vie ; mais comme il arrive toujours aux vrais croyants, la foi est sortie victorieuse de cette épreuve, et je la sens en moi, je n'ose pas dire inébranlable, mais au moins plus ferme que jamais.

Je vous exposerai ma pensée de la façon la plus générale et la plus théorique qu'il me sera possible ; car, si dans l'expression de vos doutes, vous avez pu en appeler à des impressions individuelles et à des idées pratiques, il me semble que, donnant une solution, je dois parler pour tous et ne pas craindre de dogmatiser, dussé-je d'ailleurs tomber dans l'inconvénient de l'utopie extravagante. [f° 2] Pour arriver à la vérité il n'est pas, je pense, de plus mauvaise voie que cette préoccupation jalouse de la pratique, dont un des effets les plus ordinaires est de nous jeter dans les absurdités philosophiques des doctrines utilitaires et socialistes. Vous vous êtes demandé l'un à l'autre non pas si l'homme devait avoir de l'ambition, mais s'il devait en avoir pour être heureux, sous-entendant ainsi comme vérité première cet apophthègme, que tant de gens appellent encore un axiome : la destinée de l'homme ici-bas est de chercher le bonheur sans être pessimiste, sans faire comme Pascal, qui ne veut chercher l'homme qu'en gémissant. L'on peut dire qu'il y a trop de malheureux dans le monde pour que le bonheur soit le but réel de la vie, et vous ne sauriez accorder avec la justice de Dieu que l'humanité, au dix-neuvième siècle de l'ère chrétienne, soit encore si nouvelle sur la terre, et si peu avancée dans la vie qu'elle ne puisse accomplir sa destinée. Je ne m'arrêterai donc pas à réfuter la philosophie du bonheur, qui a été de nos jours vaillamment défendue par un penseur pratique, Mr Pierre Leroux,

---

[40] Joseph de Maistre, Septième Entretien, *Les Soirées de Saint-Pétersbourg*, Paris, Les Éditions du Sandre, 2005, pp. 208-09.

ce dont une des conséquences nécessaires est de borner l'existence de l'homme à la durée de cette vie et d'en instituer une autre pour récompenser les heureux, et punir les malheureux. J'ai d'ailleurs une trop haute idée de la nature de l'âme, de son passé, de son avenir pour faire à cette essence divine l'injure de la croire heureuse sous les liens de la matière, elle qui naguère, portée sur des ailes brillantes, comme nous l'apprend Platon, suivait dans l'Empyrée le chœur des Dieux et le mouvement des sphères harmonieuses.[41]

Vous voyez maintenant d'où naissait pour vous l'impossibilité de résoudre la question : sans poser de principe, vous en reconnaissiez un, et vous péchiez par votre prémisse même. Si le bonheur réel n'est point de ce monde, l'activité et le repos, la gloire et l'obscurité sont également impuissantes [f° 3] à nous rendre heureux : votre tort était donc d'apprécier ces moyens par rapport à une fin qui n'existe pas.

Commençons donc par changer le principe. La destinée de l'homme, nous dit une saine philosophie, est le perfectionnement : en d'autres termes nous sommes sur la terre pour développer nos facultés, toutes perfectibles. Je n'ai pas besoin de vous montrer que c'est la loi de l'univers entier : tout germe et toute idée sont d'abord enveloppées [sic], et se manifestent ensuite par l'évolution. Ainsi, selon la fable indienne, la fleur du Lotus renferme le Dieu naissant, qui sera bientôt plus grand que les mondes. La vie est une épreuve, un grade à prendre, une initiation aux petits mystères avant d'être admis aux grands, et de recevoir le nom sacré. Et ce n'est point là le dogme des Chrétiens qui regardent bien la vie comme une épreuve, mais une épreuve expiatrice, nécessaire pour la réhabilitation après la déchéance. Comme on a pensé souvent que la nature organique de l'homme si admirablement appropriée à l'hôte divin qu'elle doit recevoir, si proche de l'intelligence, autant toutefois que la matière peut en approcher, n'avait pas été créée du premier jet, comme on dit, mais n'était venue qu'après bien des essais et des tentatives incomplètes, ainsi l'on peut croire que nous sommes pour l'esprit et le cœur dans une seconde série d'épreuves, plus importantes, plus difficiles, dont le terme sera le perfectionnement de l'âme, perfectionnement qui ne sera point atteint comme celui des corps dans ce monde, mais qui du moins devra y être préparé.

Développer ses facultés, ce semble d'abord une tâche bien simple et bien facile. Nous n'avons pas à y penser ; l'évolution se fera d'elle-même, [f° 4] comme pour

---

[41] Pour Platon, le moyen le plus efficace de nous inspirer l'amour juste était de nous persuader que nous en recueillerions les fruits au-delà même de la mort, ce qui nécessitait la croyance en l'immortalité de l'âme, laquelle sera jugée, puis récompensée ou punie. L'âme, parfaitement incorporelle, s'éloigne, par des altérations successives, de la substance simple et pure qu'elle habitait, pour s'entourer de la substance des astres. Dans chacune des sphères placées au-dessous du ciel des fixes, et dont les mouvements produisent des sons harmonieux, elle se revêt de plusieurs couches de matière éthérée, qui, insensiblement, forment le lien intermédiaire par lequel elle s'unit au corps terrestre.

les plantes et les corps. Ne vous rassurez pas dans cette confiance : l'arbre croît seul sous la pluie et le soleil, mais l'homme, créature morale et intelligente, placée sur la terre pour y subir une épreuve, doit rencontrer de toutes parts des obstacles et des ennemis. Cela est si vrai que sa vie organique elle-même ne lui fut pas d'abord assurée, il lui fallut conquérir son existence physique. La nature, appelée depuis par les poètes « *alma parens*[42] », fut d'abord l'ennemie la plus terrible de ce genre humain, créé pour la dompter, la subjuguer, l'élaborer. — C'était le temps des monstres,[43] des déluges, des bouleversements, des convulsions de toutes sortes : les îles étaient arrachées aux continents, les continents se perdaient au milieu des mers ; chaque jour les hommes étaient menacés d'anéantissement. Jupiter, dit la tradition, les aurait tous détruits sans le secours de Prométhée,[44] c'est-à-dire de l'intelligence, la mère de l'industrie. Aujourd'hui la nature est à peu près soumise, au moins chez nous autres peuples du Nord ; mais nous pouvons encore nous figurer quelle devait être sa puissance primitive, en voyant de nos jours la zone torride, les Indes surtout, dont tous les livres nous attestent la terrible influence que la matière y exerce sur l'être intelligent : celui, dit la loi de Manou,[45] qui parle à une femme dans une forêt, est adultère.

L'homme avait vaincu la nature par le secours des organes qui servent son intelligence, car la matière ne pouvait être domptée que par la matière : « *Tangere enim non quit quod tangi non licet ipsum*[46] ». Dans cette lutte, il avait fallu fortifier le corps, satisfaire énergiquement à tous ses besoins, développer tous ses instincts conservateurs. Mais une fois le danger passé, cette exubérance de force, cette sollicitation incessante des instincts et des besoins devint pour l'intelligence et la société humaine un fléau non moins terrible que ne l'avait été la nature, aujourd'hui vaincue. Il n'y avait plus équilibre entre les deux puissances physiques et morales. Dès lors, le développement de [f° 5] l'homme était impossible : il fallait

---

[42] « *Alma parens Idaea deum* » : c'est ainsi qu'Énée invoqua la « bienfaisante Idéenne, mère des dieux », pour apporter secours aux Phrygiens (Virgile, l'*Énéide*, X, 252).
[43] De très nombreux textes affirment que les premiers habitants de la terre furent des géants ou des hommes gigantesques (à étudier dans le contexte de la paléontologie, et des dinosaures en particulier). La Bible (*Genèse*, VI, 4) prétend que les géants naquirent du commerce des anges avec les filles de la descendance de Caïn, mais les commentateurs et exégètes repoussent cette affirmation, soutenant, au contraire, comme le fit saint Augustin, qu'il y eut des géants bien avant que les anges fussent venus sur terre.
[44] Prométhée est la figure mythique du demi-dieu qui vola le feu sacré de l'Olympe pour l'offrir aux humains. Son châtiment, prononcé par Zeus, le roi des dieux, est le bannissement du domaine olympien pour finir enchaîné et torturé sur le Mont Caucase.
[45] *Les Lois de Manou*, *Mânava-dharma-çâstra*, ouvrage de 19 livres, publié à Paris en 1830, contient, comme un enseignement révélé, les préceptes d'un être supérieur fréquemment cité dans la littérature indienne. La doctrine de Manou porte non seulement sur les lois civiles et politiques, mais sur la religion, la morale, la métaphysique et la cosmogonie hindoue.
[46] Lucrèce, *De rerum natura*, V, 152 : « car le toucher est interdit à tout ce qui est intangible de nature. »

donc soumettre le corps et le réduire. La lutte cette fois semblait plus difficile. C'était comme la guerre civile la plus triste, où l'homme combattait non plus contre son père ou son frère, mais contre lui-même : les Dieux étaient du parti du corps, les philosophes soutenaient la cause de l'âme, qui paraissait faire peu de progrès au milieu de cette vie superbe des Grecs et des Romains ; cependant le corps n'avait jamais été si heureux, il développait tous ses sens d'une façon qui est perdue pour nous, et avait au moins un amour de plus que chez les modernes. Vint le Christianisme, qui changea la face des choses et décida le triomphe du principe spirituel ; mais dans son ardeur de réaction il alla beaucoup trop loin. Il s'agissait, comme nous disions, de réduire le corps, l'école chrétienne voulut employer le plus expéditif. Elle pensa que le corps ne serait jamais mieux dompté que par la destruction. Dès lors l'homme ne fut plus une intelligence servie par des organes, mais une intelligence fouettant et macérant des organes. L'homme ne sembla plus être sur la terre que pour se suicider lentement et douloureusement. Or les Chrétiens, plus violemment que personne, condamnent le suicide et ils honorent cette mort à petits feux que leurs docteurs s'infligeaient, avec une patience et un courage incroyable[s].

La saine morale distingue des devoirs envers le corps, comme envers l'âme, et les Chrétiens, non pas ascétiques, mais simplement fervents, y manquent tous les jours ; et puisque nous allons parler de l'ambition, disons-le, la faute du Christianisme, chose singulière, c'est d'avoir été ambitieux. À mesure qu'on s'élève dans l'échelle des êtres, le principe sensible diminue, et quand on arrive à Dieu, l'on ne trouve plus qu'une intelligence et une volonté supérieures. Or le Christianisme a pour principal dogme [f° 6] l'imitation de Dieu, comme le dit son meilleur livre, partant il veut, dès cette vie, rejeter la portion de matière à laquelle il se trouve uni pour ressembler davantage à la Divinité. Lorsque le Christ vint sur la terre, le plus grand nombre des humains étaient si malheureux qu'il fallut lui promettre immédiatement après cette vie une éternité de compensations : de là l'erreur des Chrétiens, ne se croyant séparés de la Divinité que par quelques années, ils se hâtent de se rendre dignes. C'est là sans doute une noble ambition, mais c'est la plus effrayante de toutes : s'imaginer que nous sommes ici-bas au dernier degré de l'épreuve, au dernier grade de l'initiation, et cela quand notre nature complexe, notre alliance intime avec la matière fait encore de nous q[uel]q[ue] chose de si misérable.[47] C'est avoir une foi robuste dans les paroles du Maître, et une idée de l'homme bien flatteuse. Nous qui pensons autrement, qui nous regardons à peine comme étant parvenus à un degré intermédiaire, nous accepterons la vie telle qu'on nous l'a donnée, c'est-à-dire comme un composé d'âme et de corps, et nous croirions manquer aux desseins de la Providence, aux lois de l'Univers, en faisant abstraction complète de l'un

---

[47] À rapprocher de l'enseignement spirituel de Maître Eckhart (c. 1260-c. 1328), qui invitait ses disciples à « déshabiter » leur corps afin de s'unir à Dieu et à recevoir Dieu dans leur cœur.

des éléments dont la réunion même forme la nature humaine, et nous dirons toujours, avec le vieux proverbe anglais : que Dieu garde tes cinq sens de nature.

Mais que cette digression ne vous fasse pas oublier la suite de notre discours. Je vous énumérais les ennemis ou plutôt les obstacles qui entravaient l'accomplissement de notre destinée, et voulais vous montrer que la nature et le tempérament, autrefois si terribles pour l'homme, avaient bien perdu de leur puissance, grâce à cette lutte éternelle qui se perpétuera jusqu'à la fin des siècles. Mais il y a un troisième ennemi plus redoutable, car il est en progrès, c'est l'homme lui-même, autrui, si l'on peut parler ainsi. Hobbes nous [f° 7] apprend que la guerre est un fait primitif parmi les êtres créés, que l'état d'hostilités est l'état naturel des sociétés et des individus. Ce fut d'abord une mêlée confuse, les plus forts semblables aux lions, attaquaient les plus faibles et les mangeaient ; aujourd'hui c'est la guerre moderne, guerre de tactique et d'observation, guerre défensive. Nous sommes chacun à notre rang, l'arme au bras, veillant au maintien de l'équilibre universel et nous mettant toujours contre celui qui voudrait remuer au détriment de la majorité. La loi divine de la charité est bien venue nous apprendre que les hommes étaient frères, mais elle n'a pu détruire entièrement le principe d'égoïsme et de jalousie qui fait le fond de notre nature. Nous ne sommes encore que des frères ennemis. Il y a un vice incurable dans la société, une contradiction éternelle qui empêchera toujours l'homme d'être véritablement l'ami de son semblable ; à mesure qu'elle marche vers son perfectionnement, la société resserre les nœuds qui unissent les hommes. Elle nous rapproche les uns des autres, et tend à établir la vie commune comme le montrent les théories des gens du progrès, qui rêvent le phalanstère.[48] Cependant, l'individualité, par le perfectionnement même de la société, progresse tous les jours et par suite répugne davantage aux conditions étroites de la vie commune. Individualité et société, voilà les deux éléments qu'il faudrait combiner, de façon à arriver au progrès simultané de l'un et de l'autre, de l'espèce et de l'individu. Voilà la combinaison que n'ont pas encore tentée les socialistes[49] : la nécessité du remède cependant est urgente, car, à vrai dire, l'individualité semble aujourd'hui prendre les devants, et il faudrait chercher à resserrer le lien social.

Je vous ai présenté longuement toutes ces [f° 8] considérations pour relever à vos yeux la destinée humaine par la vue même des obstacles qui en gênent l'accomplissement : je voulais bien vous persuader que le simple développement

---

[48] « Phalanstère », néologisme formé par Charles Fourier (1772–1837) à partir de « phalange » — l'unité de base de la société idéale qu'il avait imaginée — avec la terminaison de « monastère ». La doctrine de Fourier fut énoncée dans son ouvrage, *La Théorie des quatre mouvements* (1808), mais n'attira l'attention du grand public qu'après les journées de Juillet 1830.

[49] Aubert anticipe ici sur Nietzsche, qui verra dans le socialisme un frein à la poursuite du bonheur individuel.

de nos facultés était une tâche aussi laborieuse que l'expiation des Chrétiens, et par là tout aussi méritoire à ne considérer que la peine.

L'homme a donc besoin de toutes ses forces physiques et morales pour travailler à son perfectionnement, pour développer ce que Dieu a mis en lui. Or, et nous nous trouvons ainsi arrivés à la solution que vous m'avez demandée, l'ambition est funeste et condamnable parce qu'elle est une déperdition de forces, et partant nous rend incapables d'accomplir notre destinée.⁵⁰ L'ambition n'est qu'un développement extraordinaire et souvent exclusif de la volonté au détriment des autres facultés morales et intellectuelles : ce n'est plus l'activité servant le progrès de l'esprit et du cœur, c'est l'activité se développant en elle-même et pour elle-même, en exploitant à son profit les autres facultés. Pour ceux qui admettent le système de M. Maine de Biran, c'est-à-dire qui ramènent tout dans l'homme à la volonté, l'ambition serait la plus noble des vertus, la seule pensée digne de l'homme, l'ὁμοίωσις τῷ θεῷ ; mais c'est là justement, ce me semble, une des conséquences absurdes de cette philosophie. Prenons pour exemple un des hommes les plus actifs dont parle l'histoire, un de ceux qui voulaient rayer le mot « impossible », Napoléon, une des plus fortes individualités sans contredit qui ait paru sur la terre : en présence de cette prodigieuse volonté, servie par une aussi haute intelligence, on ne peut nier que le sentiment moral ne soit resté en arrière, non pas relativement peut-être aux autres hommes, mais sans aucun doute relativement à Napoléon lui-même. Or, toute créature doit parvenir à sa fin, et tant qu'une [f⁰ 9] destinée a quelque chose à accomplir, c'est-à-dire un progrès à faire, rien n'est fini pour elle. Disons donc hardiment avec Mʳ Ballanche : « L'existence où Napoléon est entré après sa mort est peut-être une épreuve destinée à mettre son sentiment moral de niveau avec ses facultés supérieures, et cette épreuve commença sur le rocher de Sainte-Hélène⁵¹ ».

Vous voyez, au jugement du sage, ce que produit l'ambition la plus justifiée, la plus excusable, elle nous fait une destinée incomplète, elle allonge pour nous la

---

⁵⁰ Ici, Aubert préfigure la pensée de Michel Foucault, dans les deux derniers tomes de son *Histoire de la sexualité*. Dans son analyse des conceptions relatives au plaisir dans l'Antiquité grecque, entre le IVᵉ siècle avant Jésus Christ et le Iᵉʳ siècle de notre ère, Foucault met l'accent sur le fait de se maîtriser. Prendre soin de soi « consiste non seulement à prendre la mesure de ce dont on est capable » (*Le Souci de soi*, Paris, Gallimard, 1984, p. 87), mais aussi à discriminer, sélectionner et contrôler. « Se plaire » renvoie au plaisir, tel qu'il est défini par Sénèque, c'est-à-dire, « n'être provoqué par rien qui soit indépendant de nous et qui n'échappe par conséquent à notre pouvoir » (*L'Usage des plaisirs*, Paris, Gallimard, 1984, p. 92).

⁵¹ Le texte original lit comme suit : « L'existence où il est entré depuis sa mort, et qui a été si bien préparé par sa chute éclatante, par son exil tout semblable au supplice long et douloureux infligé à un redoutable Titan, cette existence nouvelle est peut-être une épreuve destinée à mettre de niveau son intelligence et son sentiment moral, et cette épreuve commença sur le rocher de Sainte-Hélène » (*La Palingénésie sociale*, II, p. 133, dans Pierre-Simon Ballanche, *Œuvres complètes*, Genève, Slatkine Reprints, 1967).

série des épreuves. Ce qu'il nous faut c'est le *modus* des anciens[52] : comme tous nos membres se développent en même temps et d'une façon parallèle, ainsi doit-il en être de nos facultés ; il ne faut rien laisser dans l'ombre, de peur d'être trouvé un jour incomplets, et indignes du grade supérieur. Dans la jeunesse, je le sais, on se sent une incroyable ardeur qui tient à la chaleur du sang. On se croit capable de tout, on pense pouvoir rayonner en tous sens, pouvoir atteindre à tout développement et à toute perfection :

> Et quand moi seul enfin il faudrait l'assiéger,
> Patrocle et moi, Seigneur, nous irons vous venger.[53]

Mais bientôt, avant l'âge, pour ainsi parler, on sent crever sous soi, comme dit Shakespeare, la bulle de savon[54] qui faisait notre force, la faiblesse humaine se révèle de toutes parts, et dans cet océan qu'on avait cru sans fond, l'homme qui sonde découvre des sécheresses inouïes. Il faut alors rabattre de sa folle présomption, il faut songer à pratiquer l'économie de l'âme, que Mme de Staël regarde comme la plus triste des avarices,[55] bonne tout au plus pour les petites gens, pour les âmes mesquines et défiantes, et qui, selon moi, suppose au contraire un grand sens moral, avec une haute intelligence de la nature humaine. « L'homme sage », dit Fielding, « satisfait tous ses goûts, tandis que l'insensé sacrifie tout pour rassasier une seule de ses passions ... [56] ». La sagesse est contenue [f° 10] toute entière dans cette maxime banale : « ne jamais acheter trop cher ».

De tout ce que je vous ai dit vous comprenez sans doute ce que j'appelle repos, ne rencontrant pas d'autre mot à opposer à celui d'ambition : le repos je le trouverai dans la plénitude du moi, dans cette marche simultanée de toutes mes facultés vers un but commun, le perfectionnement. Telle est en effet la condition de l'homme qu'il ne peut trouver de repos que dans le travail, et qu'au milieu même des plus grandes fatigues, l'harmonie lui fait goûter une indicible quiétude. Aussi le travail physique ne me semble-t-il point faire obstacle à la paix de l'âme,

---

[52] Notamment d'Aristote, dans son *Éthique à Nicomaque*, livre II, ch. 6 : « L'égal est intermédiaire entre l'excès et le défaut. [...] J'appelle mesure ce qui ne comporte ni exagération ni défaut. [...] La vertu est donc une sorte de moyenne, puisque le but qu'elle se propose est un équilibre entre deux extrêmes ».
[53] Jean Racine, *Iphigénie*, I, 2.
[54] Allusion au discours de Jacques dans *Ce qui vous plaira*, acte II, scène 7 : « Puis le soldat, prodigue de jurements étranges et barbu comme le léopard, jaloux sur le point d'honneur, emporté, toujours prêt à se quereller, cherchant la renommée, cette bulle de savon, jusque dans la bouche du canon ».
[55] « Quelle triste économie que celle de l'âme ! Elle nous a été donnée pour être développée, perfectionnée, prodiguée même dans un noble but » (Madame de Staël, *De l'Allemagne*, ch. XII).
[56] « The wise man gratifies every appetite and every passion, while the fool sacrifices all the rest to pall and satiate one » (Henry Fielding, *Tom Jones*, ch. III).

la seule dont je veuille parler ici, quoiqu'il soit peut-être meilleur au sage, comme l'ont pensé les Épicuriens, de se laisser aller quelquefois à cette ataraxie,[57] dont la douce immobilité favorise si bien le travail intérieur de l'esprit et le vol silencieux des pensées. Le travail physique n'est en effet qu'un emblème de cet autre travail plus noble et plus sérieux qui s'opère dans nos âmes, et la besogne matérielle devrait, dans ce monde, n'être que tout juste suffisante aux nécessités de la vie, ce qui est peu de chose à y regarder de près. « Il n'est guère d'homme si malheureux, dit Sancho Panza, qui n'ait déjeuné à deux heures de l'après-midi ».

Ici se présentent à nous deux grandes objections, que nous devons tâcher de résoudre avant de passer outre. Voici la première : avec cette théorie que deviendraient les grandes choses ? Car l'un de vous a cité ce mot : c'est l'ambition qui inspire les grandes choses. Je voudrais d'abord qu'on m'expliquât clairement ce qu'on entend par ce mot un peu vague : « les grandes choses ». Car, à vrai dire, je ne vois rien de plus grand au monde que d'avoir en même temps une haute intelligence, une volonté active, un sens moral profond et pur. Il faut l'avouer, cependant, toutes ces qualités réunies ne feront point de vous ce qu'on appelle un grand homme, et pourront bien vous laisser dans votre obscurité. Et c'est ce qu'on ne veut point. L'humanité ne doit pas se développer toute entière [f° 11] comme un seul homme, ce qui pis est comme un seul homme médiocre et commun, ce qui arriverait infailliblement s'il n'y avait pas d'ambitieux au monde, et si chacun n'avait d'autre but devant les yeux que celui dont nous parlons, sa destinée à accomplir. On veut que l'histoire de l'humanité soit brillante, semée de catastrophes et de triomphes éclatants. On veut que tous les siècles soient autant d'épopées héroïques, fameux par de grands noms et de grands faits. Cependant, voyez-le. Cette histoire devient de jour en jour plus terne et plus monotone. Tous ses éléments se simplifient et se réduisent. L'universelle égalité vers laquelle nous mène ce progrès déjà signalé de l'individualité menace encore l'histoire de lui ôter le peu de péripéties qui lui reste. Le ciel n'est plus obligé de se choisir un élu pour lui départir le feu divin, et le charger tout seul, d'en communiquer les étincelles à la multitude. Tout le monde aujourd'hui s'est approché du sanctuaire. Tout le monde s'est fait initier, le génie se subdivise en vingt talents et la gloire est en proportion. Bientôt même, s'il est vrai, comme on l'a dit, que la France par exemple produit de nos jours plus de grands hommes qu'il ne lui en faut pour sa consommation, il y aura tant de noms connus, tant d'individus remarquables qu'il n'y aura plus de gloire, surtout plus de grandes

---

[57] Ce terme, utilisé d'abord par Démocrite, désigne la tranquillité de l'âme résultant de la modération et de l'harmonie de l'existence. L'« ataraxie » devint ensuite le principe du bonheur dans le scepticisme (grâce à l'absence de jugements dogmatiques), l'épicurisme (grâce à l'absence de souffrance corporelle ou de trouble de l'âme) et le stoïcisme (grâce à un sens de détachement et à une affinité avec la totalité cosmique).

choses. La société jouira alors de cette paix inaltérable que trouve l'homme de bien dans le contentement de son cœur.

Ces conclusions peuvent sembler tristes et décourageantes, je le sais. Déshériter [f° 12] ainsi d'avance, l'humanité de la gloire et des grands hommes n'est-ce pas sembler appauvrir notre nature ? Non, il n'y a point appauvrissement. Au contraire la multitude, pauvre jusqu'alors, commence à s'enrichir, et voilà pourquoi bientôt il n'y aura plus de riches, quand tous le seront. Croyez-vous, par exemple, qu'après les poètes, il n'y aura plus de poésie ? Jugez l'esprit par le cœur, l'intelligence par la passion. Ne peut-il y avoir rien de complet dans le cœur de l'homme sans application et publicité, si j'ose parler ainsi ? Rappelez-vous cette parole profonde et touchante : « je suis sans amant, mais non sans amour », et ces charmants vers d'une vérité encore plus frappante :

> J'ai dit à mon cœur, à mon faible cœur,
> N'est-ce point assez d'aimer sa maîtresse ? [...]
> Il m'a répondu : Ce n'est point assez,
> Ce n'est point assez d'aimer sa maitresse.[58]

Eh bien ! Il en est de même pour l'esprit. « Dans tout discours écrit, nous dit Platon, n'importe sur quel sujet, il doit toujours y avoir beaucoup de badinage... les discours destinés à instruire sont véritablement écrits dans l'âme, et ceux-là seuls réunissent la clarté, la perfection, le sérieux. Quand on en viendra à un sévère examen, l'écrivain doit être capable de défendre ce qu'il a dit, et de surpasser encore ses écrits par ses paroles ; mais celui qui n'a rien de plus précieux que ce qu'il a composé ou écrit, après bien des corrections, des additions, des retranchements, tu avais raison de l'appeler poète, écrivain de discours, faiseur de lois etc. ».[59] (Phèdre)

Ces quelques lignes me semblent supérieures à toutes les rhétoriques du monde ; et l'on ne peut accuser ici Platon de partialité, car il avait assez écrit pour pouvoir s'enorgueillir, s'il n'avait compris que la pensée la plus précieuse ne se publie point et reste au fond du cœur.

[f° 13] Vient ensuite la grande objection du bien d'autrui. — Je voudrais qu'il fût bien établi d'abord que rien n'est odieux et révoltant au monde comme de s'entendre dire par ceux qui s'intitulent la majorité : Vous avez du talent, il faut vous en servir pour notre bien. Vous allez bien dans cette voie, il faut continuer à y marcher pour l'intérêt et le plaisir de tous ; voilà votre vocation, nous vous l'indiquons pour que vous ne vous ignoriez pas vous-même, suivez-la. Ainsi parlent-ils, et je m'étonne en vérité qu'en donnant de cette façon leurs ordres

---

[58] Alfred de Musset, « Chanson », *Première Poésies*, dans *Poésies*, éd. Maurice Allem, Paris, Gallimard, « Bibliothèque de la Pléiade », 1986, p. 123. Bien qu'écrite en 1831, ce poème ne fut publié pour la première fois que dans les *Poésies diverses* de l'édition de 1840.
[59] *Phèdre, ou de la beauté*, dans *Œuvres* de Platon, tr. Victor Cousin, Paris, P.-J. Rey, 1849, p. 132.

souverains à l'homme de talent, ils ne lui retranchent pas de leur autorité privée toutes ses autres facultés qui pourraient nuire au développement de la principale, comme les Scythes aveuglaient jadis leurs esclaves de peur qu'ils ne fussent distraits, en barattant le beurre, comme aujourd'hui encore on crève les yeux au rossignol, pour qu'il ne soit plus qu'une voix, selon l'expression du loup de la fable.[60] Et ce qu'il y a de plus affreux c'est que toutes ces gens-là se croient dans l'exercice de leurs droits lorsqu'ils vous apostrophent ainsi, et ils viennent vous dire : « Vous êtes sur place, il faut marcher », avec la même assurance que s'ils avaient à la main un règlement de police ou toute autre chose aussi décisive.

Il y a bien longtemps déjà qu'on a fait la distinction du beau et de l'utile,[61] et l'on est convenu que l'intérêt devait en théorie du moins passer après le juste ; mais j'ai toujours été tenté de croire que sous ce mot d'« utile » était simplement compris l'intérêt personnel, [f° 14] tandis que l'intérêt d'autrui, par rapport à nous, faisait naturellement partie des choses justes et belles que nous devons rechercher avant toutes autres. Le Christianisme avait dit : « tu aimeras ton prochain comme toi-même ». Il est dépassé aujourd'hui, et le précepte évangélique du jour c'est celui-ci : « tu aimeras ton prochain plus que toi-même, tu lui sacrifieras ta vie présente et tes destinées à venir ». On a bien soin, il est vrai, de dissimuler cette impérieuse absurdité sous les noms les plus spécieux. Pour signifier une telle dureté aux hommes de talent, notre génération essentiellement poétique a imaginé le mot de « mission », elle dit au grand homme qu'il est un Messie, partant qu'il doit porter sa croix, il aura sa couronne d'épines pendant sa vie, et une apothéose contestée après sa mort.

La société a été imposée à l'homme, mais pour lui faciliter l'accomplissement de sa destinée. Nous ne sommes pas sur la terre pour perfectionner la société, qui n'est qu'un moyen. La société se perfectionne d'elle-même par les progrès qu'elle fait faire à l'homme, et devient chaque jour plus propre à aider notre développement. Il est donc clair que, puisque les autres hommes, c'est-à-dire la société, nous ont servi dans l'accomplissement de nos destinées, nous devons leur rendre le même service. Nos aïeux ont travaillé pour nous faciliter la vie, nous devons faire de même pour nos neveux. C'était cette belle pensée qui animait Fonseca lorsqu'il fit placer sur la route de Torre del Graeco la fameuse

---

[60] Fable difficilement identifiable. En revanche, il se peut que l'auteur ait été inspiré par « Le Philosophe scythe », où Jean de La Fontaine (*Fables*, XII, 20) traite d'un procédé horticole analogue à celui qui est décrit dans ce passage et où il exprime ses sentiments contre les stoïciens qui veulent ôter tout plaisir et tout désir.

[61] C'est surtout dans un groupement de jeunes artistes et écrivains (y compris Nerval, Pétrus Borel, Célestin Nanteuil et plus tard Théophile Gautier), le « Petit Cénacle » (reprise peut-être ironique du nom du « Cénacle » de Victor Hugo), entre 1829 et 1833, que va se développer la conception anti-utilitariste dont la Préface de *Mademoiselle de Maupin* (1834) constitue le manifeste. Gautier finit par se distancer du « Petit Cénacle » et en faire à la fois une charge et un hommage dans son recueil, *Les Jeunes-France* (1833).

inscription : « *Posteri, posteri, vestra res agitur*[62] ». Nous devons en outre aider ceux qui vivent [f° 15] avec nous,[63] car ils nous aident tous les jours ; mais ils n'ont pas le droit, nous ne l'avons pas nous-mêmes, de faciliter leur développement au détriment du nôtre. Un tel sacrifice serait un crime.

Je ne sais d'ailleurs si je m'abuse, mais il me semble, au point de vue même de l'utilité, que l'homme qui accomplit sa destinée et opère son développement complet, est préférable à l'ambitieux éclatant, qui marche à la tête des hommes, et se vante de faire faire un grand pas à son siècle. Pour ceux qui ne voient que l'intérêt, à bien considérer, le premier paraît encore plus profitable que le second. Le père de famille ne vaut-il pas mieux pour tous que le conquérant, le professeur n'est-il pas plus utile que le poète, l'homme charitable ne fait-il pas plus de bien que le philanthrope et le négrophile[64] ?

Donnons ce que nous devons à la société, c'est-à-dire les fruits mêmes de notre développement moral et intellectuel, ne gardons pas nos trésors pour nous. Seulement répandons notre esprit et notre cœur sans bruit, sans ostentation, sans résultat brillant. Soyons sûrs d'ailleurs qu'en semant ainsi nous préparons une belle moisson, et pleins de cette foi merveilleuse, écoutons sans colère les reproches insensés de ceux qui nous nieront la bonté d'âme et l'intelligence parce que nous ne faisons point partie d'une société secrète dite du progrès, parce que nous n'avons point écrit de livres, ni invoqué le silence pour faire entendre notre parole.

[f° 16] Mais je resterai donc méconnu, incompris, comme on dit de nos jours. C'est le dernier cri de l'ambitieux, trahissant sa vanité par cette naïve réclamation. Rassurez-vous et croyez-moi, si vous avez réellement de l'esprit et du cœur, vous ne serez point incompris de ceux à qui vous ouvrirez votre âme, vous ne serez point méconnu de ceux que vous aimerez. L'amitié, l'amour, ce sont toujours des initiations. Une fois donc que vous aurez choisi vos initiables, que vous importera

---

[62] « C'est ici la cause des âges qui viendront ». En décembre 1819, dans un essai intitulé « À propos d'un livre politique écrit par une femme », Victor Hugo mit en garde le lecteur contre les dangers de l'« émancipation graduelle du sexe féminin ». Il cite l'inscription de Fonseca sur la route du Vésuve, reproduite ici par Aubert, et ajoute : « Il est bon que, lorsque les malheurs que je prévois seront arrivés, nos neveux sachent du moins que, dans cette Troie nouvelle, il existait une Cassandre, cachée dans un grenier, rue Mézières, n° 10 (Victor Hugo, *Œuvres complètes*, vol. 2, *Littérature et philosophie mêlée*, « Fragments de critique », pp. 568–69). La mère de Victor Hugo, en janvier 1821, avait emménagé avec ses enfants au Faubourg Saint-Germain, rue Mézières, dans une maison avec jardinet. Plus tard, dans un article de la *Revue des deux mondes* de 1832, intitulé « Guerre aux démolisseurs », Victor Hugo reprend la même formule, dans le contexte de sa vive critique de la destruction des monuments de France : « Nous devons compte du passé à l'avenir » (p. 619).
[63] Aubert semble viser ici tous ceux qui l'entourent en lui rendant service.
[64] *Cf.* Jean-Jacques Rousseau, à propos d'Émile : « J'aime mieux qu'il soit cordonnier que poète, j'aime mieux qu'il pave les grands chemins que de faire des fleurs de porcelaine » (*Émile*, livre III).

de n'être pas aperçu dans la foule de ceux que vous n'apercevez pas, de ne pas être connu de ceux que vous ne connaissez pas ? Soyez dans vos discours et vos actions mêlé de badinage avec les gens du dehors, c'est la meilleure façon d'échapper à leur œil méfiant et curieux. Soyez médiocre, soyez commun, aimez à être perdu dans la multitude, et si quelquefois vous veniez, vous obscur et sans nom, à envier les riches et les glorieux qui passent devant vous, dites, pour chasser le regret de votre cœur, dites, comme la femme qui aime : « J'ai dans le cœur un diamant plus précieux et plus radieux que tous ceux qui brillent sur la tête de ces duchesses ».

Ainsi nous avons établi *a priori* que l'ambition était contraire à l'accomplissement de notre destinée et que le repos lui était plus favorable. Maintenant nous devons employer une méthode contraire, et descendre des hauteurs spéculatives pour en appeler à l'expérience. Après avoir [f° 17] établi le droit, il convient d'examiner le fait. Après avoir condamné absolument l'ambition, il convient d'interroger notre nature et de chercher si nos instincts ne seront pas d'accord avec les conclusions supérieures de la raison.

L'ambition est-elle dans notre nature primitive ? Les psychologues écossais[65] examinant l'homme au point de vue social (car, comme on l'a dit, hors de la société, l'homme n'est plus qu'une hypothèse) ont reconnu en lui ce qu'ils appellent un instinct d'estime,[66] qui le porte à mériter l'approbation de ses semblables, et nous fait trouver dans l'assentiment d'autrui une récompense presque aussi douce que dans le nôtre même.[67] Malheureusement nous avons

---

[65] Les « psychologues écossais » comprennent Adam Smith, Thomas Reid et Dugald Stewart, pour lesquels la connaissance se fonde sur l'accumulation d'observations et de faits mesurables, dont on peut extraire des lois générales par un raisonnement inductif, allant du concret à l'abstrait. Leurs idées, en rapport avec celles de Lord Shaftesbury et de David Hume, firent l'objet des cours en Sorbonne de Royer-Collard, le prédécesseur de Victor Cousin, et furent répandues par Charles de Rémusat. Voir Émile Boutroux, *De l'influence de la philosophie écossaise sur la philosophie française*, Edimbourg, Williams & Norgate, 1897. En 1826, Théodore Jouffroy publia une traduction des *Esquisses de philosophie morale* de Dugald Stewart, précédée d'une longue Préface qui devint un texte de référence pour l'exposé de ce qu'on nommait alors la « méthode psychologue ». Par ailleurs, ce n'est qu'à partir de 1879, date de la fondation du premier laboratoire de psychologie expérimentale à Leipzig par Wilhelm Wundt, que les termes de « philosophes » et « psychologues » cessèrent d'être interchangeables.

[66] Cet « instinct d'estime » est analogue à l'« économie de gloire », dont traite Robert Morrissey dans son ouvrage, *Napoléon et l'héritage de la gloire*, Paris, Presses universitaires de France, 2010. La gloire peut constituer un capital symbolique. Elle peut motiver de grandes actions, dans la perspective d'une reconnaissance publique ou d'une illustre renommée. Considérée sous cet angle, la gloire rend plus libre et plus autonome ; elle permet l'affirmation de l'individu dans son rapport avec la collectivité. Le revers de la médaille, c'est qu'elle peut aussi mener aux abus de la liberté d'autrui, à un excès d'orgueil, sur le plan personnel, et, sur le plan public, à des dictatures, telles que celles de Jules César ou de Napoléon.

[67] Cette idée est proche de la théorie de la « sympathie » dans l'ouvrage d'Adam Smith, *Théorie des sentiments moraux* (1759) : c'est dans le but d'être remarqué avec sympathie et approbation

souvent gâté notre admirable nature ; comme si de l'instinct de propriété nous avons fait l'avenir [?]. Ainsi, du désir d'estime, nous avons fait l'envie de la gloire ou l'ambition. C'est évidemment une dépravation de notre nature, pour parler avec rigueur, c'est l'exagération d'un bon instinct qui nous jette dans une mauvaise passion, dans cette sorte de désir que les Grecs appelaient ἐπιθυμία.

Combien est plus immédiat et plus naturel le besoin du repos ! La vie est une épreuve, disons-nous, un développement, un travail ; et c'est du sentiment même de notre laborieuse destinée que naît pour nous cet incurable désir de repos, qui nous poursuit sans cesse, et qui a fait dire au sage : « *Invideo mortuis quia quiescunt*[68] ». Les animaux, n'ayant qu'un développement physique qu'à accomplir sur la terre, ont été créés pour le repos absolu, autant du moins qu'il est donné à la créature. Quelques-uns d'entre eux nous représentent même l'image d'un sommeil à peu près éternel. Parmi nous, les Orientaux, encore sous l'influence d'une [f° 18] nature puissante, jouissent d'une immobilité complète ; mais nous autres peuples de l'Occident, à peine avons-nous le temps de nous livrer au sommeil, à peine jouissons-nous de quelque loisir. Cependant il y a au fond de notre cœur une voix impérieuse qui nous crie que nous sommes las, qu'il nous faut du repos à tout prix, repos de l'âme d'abord et, nécessairement, repos du corps ensuite et s'il est possible.

La permanence du monde matériel et de notre nature organique doit, jusqu'à un certain point, se réfléchir dans la vie humaine, et la marquer d'un profond caractère de paix et de sérénité. De tout temps, le sage a été ami de la solitude ; de tout temps, l'ambitieux lui-même, au faîte des honneurs, au centre du bruit et des grandeurs, a jeté en arrière un regard de regret et d'amour sur le repos de son enfance, et cette douce obscurité de ses premiers ans, et il n'a jamais entendu sans émotion le vers de Phèdre :

Dieux ! Que ne suis-je assise à l'ombre des forêts.[69]

La gloire tant désirée, une fois qu'on l'a conquise, devient un fardeau trop pesant pour l'homme, né pour être inconnu, comme les individus des autres races. Les poètes sont pleins de retours mélancoliques de l'ambition vers la paix qu'elle a quittée, et c'est un grand effet poétique que d'entendre dans Racine le roi des rois développer le précepte de l'*Imitation de Jésus-Christ* : « Aimez à être inconnus[70] » et dire dans son magnifique langage :

---

que nous accomplissons ce qui est, en même temps, utile. Les actes de désintéressement répondent donc à un intérêt moral, très différent de l'utilitarisme étroit, puisque nous intégrons le point de vue de toute la collectivité et de l'intérêt général. Brutus, sacrifiant son fils, s'identifie à la cause de Rome.

[68] « J'envie les morts car ils se reposent », mot attribué à Martin Luther et souvent cité au XIXᵉ siècle.
[69] Jean Racine, *Phèdre*, I, 3.
[70] « Aimez à vivre inconnu et à n'être compté pour rien » (*L'Imitation de Jésus-Christ*, tr. Félicité de Lamennais, éd. Marie-Dominique Chenu, Paris, Les Éditions du cerf, 2011, p. 44).

> Heureux qui satisfait de son humble fortune,
> Libre du joug superbe où je suis attaché,
> Vit dans l'état obscur où les Dieux l'ont caché[71] !

Si j'osais aller plus loin, je dirais que de nos jours le besoin de paix, de tranquillité, d'obscurité même est plus vif que jamais. Fils des révolutions, il semble que nous ayons appris de nos pères le néant des grandes choses, la vanité de l'ambition. L'homme [f° 19] a le privilège de s'assimiler ce qui l'a précédé et qui vit en même temps que lui. La nature [?] aujourd'hui est donc le produit des quatre [millénaires] déjà écoulés, et de tous ces millions d'hommes qui nous ont devancés. « Il y a en nous, [dit] Edgar Quinet, le sourd retentissement des [siècles passés[72] » :] « Produit des âges, l'humanité, être impalpable, toujours mouvant, toujours changeant, [motive toutes] les créatures[73] ; et l'empire qui s'écroule, et [le cœur qui] se brise, vont l'un et l'autre se perdre [dans son] sein, et le modifier de leur substance ». [Mot illisible] vieille en naissant, venue après les [siècles ?] de travail du Christianisme, nous [n'avons] plus cette ardeur de mouvement [*mot illisible*] qui dut animer les premiers hommes, comme aujourd'hui encore les tribus nomades et éparses [?] dont la vie entière est une marche dans les forêts. Nous portons sur notre front le signe de la fatigue de nos pères, nous avons [?] dans le cœur toute leur lassitude, nous tenons [?] au repos de toutes nos forces, et il n'est pas un de nous qui n'ait pensé à mourir à vingt ans, par paresse. Cette tristesse vague et douce, la [*mot illisible*] temps, et ces émotions mélancoliques qu'on [?] reçoit du spectacle de la nature. Ne peut-on pas trouver en notre cœur la paix profonde que nous désirons ? C'est pour nous une joie et une sorte de bonheur d'apercevoir ce repos et cette permanence qui [*mot illisible*] et nous manqueront toujours.

Ainsi, vous le voyez, nous avons une destinée, et un instinct profond indique [?] de quelle façon nous devons aller. En suivant cet instinct, et par suite [?] accomplissant notre destinée nous devons [?] à goûter tout le bonheur qui est [*plusieurs mots illisibles*] provisoire [*plusieurs mots illisibles*] [f° 20] connaître ; à peine a-t-on fait de la loi de l'homme la loi de son être que l'on commence à vivre de la vie universelle et de la plénitude du moi.[74] On trouve alors dans sa nature

---

[71] Jean Racine, *Iphigénie*, I, 1.
[72] Albert Aubert se réfère ici à l'« Introduction » d'Edgar Quinet, qui paraît aux pages 7-71 du tome I de sa traduction des *Idées sur la philosophie de l'histoire de l'humanité* par Johann Gottfried von Herder (Paris, Levrault, 1827). Par ailleurs, le traducteur donne un deuxième essai, « Études sur le caractère et les écrits de Herder » à la fin du tome III de cet ouvrage (p. 493-543). La référence au « sourd retentissement des siècles passés » renvoie à l'« Introduction », I, p. 59.
[73] À la place de « créatures », le texte d'Edgar Quinet met « existences en les absorbant toutes » (*op. cit.*, I, p. 12).
[74] *Ibid.*, p. 63. Dans le texte original, on lit « la loi de l'humanité », là où Aubert met « la loi de l'homme » et, dans l'expression de la « plénitude du moi », le mot « moi » figure en italiques.

intime des récompenses et des trésors inouïs, qui nous peuvent consoler de la tristesse et de l'amertume de la vie. La question du bonheur se retrouve ainsi à la fin de notre discours, et si nous l'avions négligée en commençant, c'est que nous étions bien sûrs de la trouver toute résolue parmi nos conclusions.

Je vous rappellerai en terminant, et de peur d'être taxé de paradoxe, que toute l'antiquité est pleine de la pensée que j'ai taché de vous développer. La poésie et la philosophie des Grecs et des Romains se sont élevées sans cesse contre l'ambition, vice très commun dans les anciennes sociétés, pour diverses causes qu'il vous est facile d'entrevoir. « *Sua eum perdet ambitio*[75] » est l'expression même de cette réprobation universelle. Et ce n'est point là un axiome tombé en désuétude. Un vieillard disait de nos jours d'un enfant célèbre : il est ambitieux, il ne sera jamais heureux. Et cependant vous entendez de toutes parts vos proches et vos amis vous dire, par manière de stimulant : Il faut avoir de l'ambition ! Mais c'est là une sorte d'énigme dont nous avons déjà apprécié la valeur, en examinant jusqu'à quel point nous nous devions à autrui.

---

[75] « Sa propre ambition le perdra ».

ANNEXE I

∼

DOCUMENTATION CONCERNANT FRANÇOIS-SIMÉON AUBERT AUX ARCHIVES NATIONALES, PARIS : F^{18} 266, CARTON 108, DOSSIER 1128

Ministère de l'intérieur. Direction générale du personnel
Division de la presse
1er Bureau
Dossier personnel
M. A. Aubert (François-Siméon)

LE PRÉFET DE POLICE À M. LE MINISTRE

Renseignements sur le Sieur Aubert, qui sollicite l'autorisation de créer à Paris un journal politique et industriel, sous le titre de *Le Globe illustré*.

Paris, le 17 mai 1861.

Cabinet du Préfet de police.

Le Sr Aubert, François Siméon, homme de lettres, né à Nantes (Loire-Inférieure), le 8 mai 1819, veuf, sans enfants, n'a pas de domicile fixe à Paris. Celui qu'il a indiqué, rue de Provence, 56, est le domicile de M. Bock, Directeur de la Société des Bitumes et asphaltes, chez lequel est employé le frère du pétitionnaire.

Ce frère demeure rue Fontaine St Georges n° 43, et dit ne pas connaître l'adresse de François Siméon.

Le Sr Aubert a d'abord travaillé, sous le pseudonyme *d'Albert Aubert*, au *Courrier français* et au *Constitutionnel*, sous le règne de Louis-Philippe. Il a publié sous ces noms, à la même époque, un roman philosophique et satirique, intitulée : *Les Illusions de jeunesse du célèbre M. Boudin*.

Lors de la révolution de 1848, le pétitionnaire, qui était attaché à la rédaction du *National*, a obtenu la place d'archiviste à la Préfecture de la Seine ; mais elle lui fut retirée peu de temps après.

La conduite privée du Sr Aubert est peu honorable ; il vit, dit-on, en partie, aux dépens de la femme avec laquelle il habite : il ne possède d'autres ressources que le produit de sa plume, et se cache pour échapper aux poursuites de ses nombreux créanciers.

Il n'aurait d'autre but, en fondant le journal *Le Globe illustré*, que de créer une concurrence aux journaux *L'Illustration*, dont il a été un des rédacteurs, *Le Monde illustré* et autres et se faire acheter par ces journaux la nouvelle feuille.

Il n'y pas d'antécédents judiciaires connus de mon administration.

Je crois devoir émettre un avis défavorable à la demande du Sr Aubert.

Le Globe illustré : Cette feuille serait quotidienne et aurait 2 éditions : une le matin, et l'autre le soir.

On cherchera à s'éclairer sur la moralité et les antécédents politiques du pétitionnaire.

ANNEXE II

~

D'A. AUBERT À SON EXCELLENCE, M. LE MINISTRE DE L'INTÉRIEUR
25 avril [1861].

Monsieur le Ministre,

J'ai l'honneur d'exposer à Votre Excellence que je suis propriétaire d'un procédé nouveau électro-chimique, à l'aide duquel le dessin sur métal peut être *tiré directement et typographiquement*, c'est-à-dire qui supprime le travail si long et si coûteux de la gravure sur métal ou sur bois.

Il y a même lieu d'espérer, d'après les expériences déjà commencées, que le même procédé, après avoir supprimé la gravure, parviendra même à se passer du dessin, en rendant possible le tirage typographique immédiat des clichés photographiques sur métal.

Un tel procédé va faire révolution dans ce qu'on appelle *la librairie et la presse illustrée*. Au lieu de ces illustrations hebdomadaires, qui suivent de loin l'actualité, et ne la reproduisent qu'à grand'peine et à grands frais dans leurs colonnes toujours en retard, nous pouvons, maintenant, livrer, *le jour même*, au public l'image de l'événement qui vient de se passer. En un mot, grâce à ce procédé nouveau, il devient possible de publier, tous les jours, matin et soir, au même prix que les feuilles quotidiennes politiques, un journal complet, contenant les mêmes matières, illustré de cinq grands dessins en vignettes sur l'actualité de la veille ou de la journée même.

Votre Excellence, qui s'intéresse si vivement aux arts et à tout ce qui concerne leurs progrès et leur vulgarisation, sera frappée, sans doute, de cette innovation essentielle apportée dans un genre de publicité (la presse et la librairie illustrées) dont les développements sont plus sensibles, chaque jour, et qui satisfait un des goûts dominants du public.

En conséquence, et afin de pouvoir donner à ce procédé nouveau toutes les applications artistiques et industrielles qu'il comporte, j'ose solliciter auprès de Votre Excellence l'autorisation de publier un journal quotidien illustré, politique et littéraire.

Ce journal s'appellerait : *Le Globe illustré*. Il aurait deux éditions : une le matin, une autre le soir ; on le vendrait 15 centimes le numéro, c'est-à-dire au même prix que la plupart des feuilles quotidiennes, quoiqu'il comprît, outre les mêmes matières, cinq illustrations, au moins, sur l'actualité.

Je n'ignore point, Monsieur le Ministre, quelle est l'importance de la faveur que je sollicite, ni quelles garanties on doit offrir à votre administration pour obtenir une autorisation de ce genre.

Ce qui me rassure et me fait espérer un bon accueil pour ma demande, c'est le caractère spécial de la publication que je désire créer, — caractère surtout artistique et pittoresque. Le nouveau journal ne contiendrait une partie politique qu'afin d'être le reproducteur fidèle et complet de l'actualité. S'abstenant des discussions, et de toute polémique, il se bornerait à reproduire le *bulletin* du Moniteur, avec les nouvelles données par les feuilles officielles ; enfin il se soumettrait d'avance aux choix que le Ministère voudrait lui imposer pour cette partie politique de sa rédaction.

Une publication, aussi inoffensive d'une part, — aussi utile de l'autre, aux progrès de l'art typographique, réalisant, comme nous l'avons dit, des conditions d'actualité et de bon marché toutes nouvelles dans la presse illustrée, paraîtra, je l'espère, aux yeux de Votre Excellence, digne d'être autorisée et encouragée.

Toutes les ressources financières, nécessaires pour mener à bonne fin cette œuvre importante, me sont acquises dès aujourd'hui, et je suis prêt à fournir le cautionnement exigé par la loi.

Dans l'espérance, Monsieur le Ministre, que Votre Excellence daignera répondre favorablement à ma demande,
   j'ose la prier de vouloir bien agréer
   l'hommage de mon respect.

Paris, 20 avril 1861

                      A. Aubert
    Ancien chef de bureau à la Préfecture de la Seine (1848-1853)
                         Rue de Provence, n° 56

ANNEXE III

Illustration de l'avant-dernier folio du manuscrit d'Albert Aubert, Texte 2, f° 19

BIBLIOGRAPHIE SÉLECTIVE

∽

BÉNICHOU, PAUL, *Le Sacre de l'écrivain : 1750-1830. Essai sur l'avènement d'un pouvoir spirituel laïque dans la France moderne* (Paris : José Corti, 1973)
BROGLIE, GABRIEL DE, *Guizot* (Paris : Perrin, 1990 ; nouvelle édition, 2002)
—— *La Monarchie de Juillet* (Paris : Fayard, 2011)
CHARLTON, DONALD G., *Secular Religions in France, 1815-1870* (London, New York, Melbourne : published for the University of Hull by Oxford University Press, 1963)
COLLINGHAM, HUGH, *The July Monarchy : A Political History of France, 1830-1848* (London & New York : Longman, 1988)
CROSSLEY, CERI, *Edgar Quinet (1803-1875) : A Study in Romantic Thought* (Lexington, KY : French Forum, 1983)
DAUMARD, ADELINE, *Les Bourgeois et la bourgeoisie en France depuis 1815* (Paris : Aubier-Montaigne, 1987)
EVANS, DAVID OWEN, *Social Romanticism in France, 1830-1848* (Oxford : Clarendon Press, 1951)
FERRY, LUC, *La Révolution de l'amour : Pour une spiritualité laïque* (Paris : Plon, 2010)
GOLDSTEIN, JAN, *The Post-Revolutionary Self : Politics and Psyche in France, 1750-1850* (Cambridge, MA : Harvard University Press, 2009)
HOLMES, STEPHEN, *Benjamin Constant and the Making of Modern Liberalism* (New Haven, CT & London : Yale University Press, 1984)
HUNT, HERBERT JAMES, *Le Socialisme et le romantisme en France : Étude de la presse socialiste, de 1830 à 1848* (Oxford : Clarendon Press, 1935)
JANET, PAUL, *Victor Cousin et son œuvre* (Paris : Calmann Lévy, 1885)
JARDIN, ANDRÉ & ANDRÉ-JEAN TUDESQ, *Restoration and Reaction, 1815-1848*, tr. Elborg Forster (Cambridge & Paris : Cambridge University Press & Éditions de la Maison des Sciences de l'homme, 1983)
JAUME, LUCIEN, *L'Individu effacé ou le paradoxe du libéralisme français* (Paris : Fayard, 1997)
JULLIARD, JACQUES, *Les Gauches françaises, 1762-2012 : Histoire, politique, imaginaire* (Paris : Flammarion, 2012)
MACPHERSON, CRAWFORD BROUGH, *The Political Theory of Possessive Individualism : Hobbes to Locke* (Oxford : Clarendon Press, 1962)
MAZA, SARAH, *The Myth of the French Bourgeoisie : An Essay on the Social Imaginary, 1750-1850* (Cambridge, MA : Harvard University Press, 2003
MÉLONIO, FRANÇOISE, *Tocqueville et les Français* (Paris : Aubier, 1993)
MEYERS, JULIE, *Emblematic Figures and Human Agency in Michelet* (PhD Dissertation, University of Chicago, 2011. UMI No : 3472909. AAT No : 3472909. Copyright 2011 by ProQuest LLC : http://gradworks.umi.com/34/72/3472909.html)

Mille huit cent trente, Romantisme, 28–29 (1980)
MILNER, MAX, *Le Romantisme, I, 1820–1843* (Paris : Arthaud, 1973)
MORRISSEY, ROBERT, *Napoléon et l'héritage de la gloire* (Paris : Presses universitaires de France, 2010)
NEEFS, JACQUES, « La Haine des 'grands hommes' au XIXe siècle », *Modern Language Notes*, 116, n° 4 (September 2001), 750–69
PASSMORE, JOHN, *The Perfectibility of Man* (London : Duckworth, 1970)
PETITIER, PAULE, *Jules Michelet : L'homme histoire* (Paris : Éditions Grasset & Fasquelle, 2006)
ROSANVALLON, PIERRE, *Le Moment Guizot* (Paris : Gallimard, 1985)
THEIS, LAURENT, *François Guizot* (Paris : Fayard, 2008)
THUREAU-DANGIN, PAUL, *Le Parti libéral sous la Restauration* (Paris : Plon, 1876)
—— *Histoire de la monarchie de Juillet* (Paris : Plon, 7 vols, 1888–1892)
VERMEREN, PATRICE, « Les Têtes rondes du *Globe* et la nouvelle philosophie de Paris (Jouffroy et Damiron) », *Romantisme*, 88 (1995), 23–34
VIALLANEIX, PAUL, *Michelet, les travaux et les jours : 1798–1874* (Paris : Gallimard, 1998)
Victor Cousin : Les Idéologues et les Écossais, Colloque international de février 1982 au Centre international d'Études pédagogiques, Sèvres. Université d'Édimbourg, École normale supérieure de la rue d'Ulm, Paris (Paris : Presses de l'École normale supérieure, 1985)
VIGIER, PHILIPPE, *La Monarchie de Juillet* (Paris : Presses universitaires de France, 1962)
WELCH, CHERYL, *Liberty and Utility : The French « Idéologues » and the Transformation of Liberalism* (New York : Columbia University Press, 1984)

INDEX DES NOMS DE PERSONNES

∾

Achille, 12
Alexandre le Grand, xxiii (n. 47)
Alger, Horatio, xxviii
Allem, Maurice, 29 (n. 58)
Aphrodite, 15
Aristophane, 12
Aristote, xxv (et n. 55), 16, 17 (n. 32), 27 (n. 52)
Arnaud, Pierre, xxi (n. 43)
Arouet, François-Marie, xiii
Aubert, Albert, pseudonyme de François-Siméon Aubert (*q.v.*)
Aubert, François-Siméon, ix (et nn. 2, 3), x, xii (nn. 21, 24), xiii (et nn. 27, 30), xiv (et n. 31), xv–xxix, 1, 14 (n. 25), 17 (nn. 32, 34), 25 (n. 49), 26 (n. 50), 31 (nn. 62, 63), 34 (nn. 72, 74), 37–40
Augier, Émile, xii
Augustin, saint, 23 (n. 43)

Ballanche, Pierre-Simon, xi (en. 17), xiii (et n. 27), 26 (et n. 51)
Balzac, Honoré de, xiii, xxiii (n. 47), xxvii (et n. 64)
Barroux, Marius, xiii (n. 30)
Bassompierre, François de, 13 (et n. 22)
Bataillard, Paul, ix (et n. 4), x, xii, xvi, xxvi, 21
Baudelaire, Charles, xviii, xxiii (et nn. 49, 50, 51), 14 (n. 25)
Beltremieux, Émile, ix (et n. 5), xxii
Bénichou, Paul, xvi (et n. 38), 43
Bergson, Henri, xi, 17 (n. 34)
Berlioz, Hector, xxviii
Beyle, Henri, dit Stendhal, xxiii, xxvii (et n. 65)
Bièvre, François-Georges, de, marquis, 13 (et n. 19)
Blanc, Louis, xxviii–xxix
Boïtos, Olimpio, ix (n. 4)

Bonaparte, Louis-Napoléon, xiii
Bonaparte, Napoléon 1er, xxii (n. 46), xxiii (et n. 47), 15 (n. 27), 26 (et n. 51), 32 (n. 66), 44
Bonaparte, Napoléon III, xiv
Bonnet, Jean-Claude, xxiv (n. 53)
Borel, Pétrus, 30 (n. 61)
Boutroux, Émile, 32 (n. 65)
Broglie, Gabriel de, 43
Brutus, Marcus Junius, 32 (n. 67)
Buchez, Philippe, xi (n. 15)

Cabanis, Pierre Jean Georges, xix (n. 39)
Cabet, Étienne, xxix
Caïn, 23 (n. 43)
Canova, Antonio, xviii, 17 (et n. 34)
Carré, Michel, xii (n. 21)
Carrel, Armand, xiii, xxii
Cervantes, Miguel de, 28
César, Jules, 32 (n. 66)
Charles III, prince de Monaco, xv
Charles X, roi de France, xiv
Charlton, Donald G., 43
Chateaubriand, François-René de, xvi, 15 (n. 26)
Chénier, André, 17
Chenu, Marie-Dominique, xxv (n. 57), 33 (n. 70)
Christ, Jésus, xi (et n. 15), xvii, 6, 7, 19, 24
Cicéron, xxiii
Cincinnatus, xxiv
Collingham, Hugh, 43
Comte, Auguste, xxi (et n. 43), xxix
Constant, Benjamin, xix (n. 39), xxv (et n. 56), xxvi, 43
Cotten, Jean-Pierre, xvi (n. 36)
Cousin, Victor, x (et n. 7), xi (et n. 12), xvi (et n. 36), xxvii, 29 (n. 59), 32 (n. 65), 43, 44
Crossley, Ceri, 43

Dahl, Erik, x
Damiron, Jean Philibert, 44
Daphnis, 4
Daumard, Adeline, 43
David, Pierre-Jean, xxiv
Démocrite, 28 (n. 57)
Descartes, René, xvi
Destutt de Tracy, Antoine, xx
Diane, 4, 5
Drouineau, Gustave, ix (et n. 5), xi (n. 16)
Dudevant, baronne Casimir, dite George Sand, xiii, xxviii, 17 (n. 33)

Eckhart von Hochheim, dit maître Eckhart, 24 (n. 47)
Endymion, 5
Esquier, Suzel, 17 (n. 33)
Euripide, 12
Evans, David Owen, 43

Ferry, Luc, 43
Fichte, Johann Gottlieb, xviii, 11 (n. 13)
Fielding, Henry, 27 (et n. 56)
Flaubert, Gustave, xxvii
Fonseca, Emmanuel, 30-31, 31 (n. 62)
Fontaine, 16 (et n. 30)
Forster, Elborg, 43
Fortassier, Rose, xxiii (n. 47)
Foucault, Michel, 26 (n. 50)
Fourier, Charles, xxi, 25 (n. 48)
Fromentin, Eugène, ix (et nn. 4, 5), x, xii (et nn. 22, 23), xiii (et n. 26), xvi, xxii, xxvi (et n. 60), 1, 21

Gabriel, archange, 18 (n. 35)
Gall, Franz-Joseph, 17 (n. 33)
Ganymède, 4
Gaspard, Claire, xii (n. 20)
Gautier, Théophile, xii (n. 21), xiii (et n. 29), xxiv-xxv, xxv (n. 54), xxvi (n. 61), 13 (n. 22), 16 (nn. 28, 29), 30 (n. 61)
Geneviève, sainte, xxiv
Gengembre, Gérard, xxiii (n. 48)

Gillon, xxvi (n. 61)
Girardin, Émile de, xiv
Goethe, Johann Wolfgang von, 4 (et n. 1), 11 (et n. 15), 12 (et n. 18), 16-17, 17 (n. 31), 18 (et n. 35)
Goldstein, Jan, 43
Goldzink, Jean, xxiii (n. 48)
Groensteen, Thierry, 17 (n. 32)
Guizot, François, xx, xxi (et nn. 41, 42), xxvi, xxvii (et nn. 63, 66), 43, 44

Habib, Danis, xiv (n. 32)
Hamrick, L. Cassandra, 15 (n. 27)
Hécube, 13
Hélène de Troie, 5
Henri IV, roi de France, 13 (n. 22)
Héphaïstos, 12 (n. 17)
Hercule, 6, 13
Herder, Johann Gottfried von, xxvi (et n. 58), 1, 12 (n. 18), 34 (n. 72)
Hermaphrodite, 15
Hermès, 3, 15
Hippolyte, 12
Hobbes, Thomas, xxi, xxvii, 25, 43
Hoffmann, Ernst Theodor Amadeus, xii
Holmes, Stephen, 43
Homère, 6
Horace, 13 (et n. 20)
Hugo, Victor, xiii (n. 29), xviii, xxiv, xxviii, 14 (et n. 25), 18 (et n. 37), 30 (n. 61), 31 (n. 62)
Hume, David, 32 (n. 65)
Hunt, Herbert James, ix (n. 2), 43

Iphigénie, 12

Janet, Paul, 43
Jardin, André, 43
Jaume, Lucien, xxvi (n. 62), 43
Jouffroy, Théodore, x, 32 (n. 65), 44
Julliard, Jacques, xx (et n. 40), 43
Junon, 5
Jupiter, 4, 5, 17 (et n. 31), 23

Kant, Emmanuel, xx, 16
Keynes, John Maynard, xxviii
King, William Casey, xxiii (n. 52)

Lachelier, Jules, xi
Lacoste, Jean, xi (et n. 12)
La Fontaine, Jean de, 11 (et n. 16), 30 (n. 60)
Lamarck, Jean-Baptiste de, xix
Lamartine, Alphonse de, xxviii
Lamennais, Félicité de, xxv (n. 57), 33 (n. 70)
Langlois, Napoléon (ou Léon), xv
Lavater, Johann Kaspar, xviii, 17 (et nn. 32, 33)
Leroux, Pierre, xix, xxix, 21
Leroy-Jay Lemaistre, Isabelle, 15 (n. 27)
Lesort, André, xiii (n. 30)
Lévêque, Charles (ou Jean-Charles), 17 (n. 34)
Liutprand, 13
Locke, John, xxi, 43
Lotterie, Florence, 10 (n. 12)
Louis XIII, roi de France, 13 (n. 22)
Louis-Philippe, roi des Français, x
Luc, saint, 7
Lucien, 12 (n. 17)
Lucrèce, 23 (et n. 46)
Luther, Martin, 33 (et n. 68)

Macpherson, Crawford Brough, 43
Maine de Biran, Pierre, x, xvi, 26
Maistre, Joseph de, 21 (et n. 40)
Maistre, Xavier de, 10 (et n. 12)
Mallarmé, Stéphane, xviii
Manou, 23 (et n. 45)
Marc, saint, 7, 19 (et n. 39)
Marrast, Armand, xiii
Marx, Karl, xxix
Matoré, Georges, xiii (n. 29), xxvi (n. 61), 13 (n. 22)
Maza, Sarah, 43
Mélèze, Josette, 14 (n. 25)
Mellors, Terence, ix (n. 4)
Mélonio, Françoise, 43
Meyers, Julie, 43
Michel, archange, 18 (n. 35)
Michel-Ange, xvii, 7
Michelet, Jules, x, xi, xii (et n. 20), xxviii, 19 (n. 38), 43, 44
Mignet, François-Auguste, xiii

Milner, Max, 44
Milton, John, xviii, 15 (et n. 26), 18 (et n. 36)
Minerve, 5
Molière, xiii
Momus, 12 (et n. 17)
Morrissey, Robert, xxii (et n. 46), 32 (n. 66), 44
Mouchard, Claude, 15 (n. 26)
Musset, Alfred de, xxviii, 29 (et n. 58)

Nanteuil, Célestin, 30 (n. 61)
Nash, Suzanne, 15 (n. 27)
Neefs, Jacques, xxii (n. 45), 44
Nerval, Gérard de, 11 (n. 15), 30 (n. 61)
Nietzsche, Friedrich, 25 (n. 49)
Niobé, 13
Nodier, Charles, xii (et n. 24), 12 (n. 18)
Nora, Pierre, xxiv (n. 53)

Orléans, Ferdinand-Philippe, duc d', 16 (n. 30)
Ozouf, Mona, xxiv (n. 53)

Pascal, Blaise, 21
Passmore, John, 44
Peeters, Benoît, 17 (n. 32)
Périer, Casimir, xxii
Persée, 4
Petitier, Paule, 44
Pichois, Claude, xxiii (n. 49), 14 (n. 25)
Platon, xvi, xvii, 4, 16, 22 (et n. 41), 29 (et n. 59)
Pochon, Jacques, xii (n. 19)
Prométhée, 23 (et n. 44)
Proud'hon, Pierre-Joseph, xxix
Puisias, Éric, x (n. 6)
Pythagore, xvii, 4

Quatremère, Antoine Chrysostome, dit Quatremère de Quincy, xvi, xxiv
Quinet, Edgar, ix (et n. 4), x, xi, xii (et nn. 18, 19), xxv–xxvi, xxvi (n. 58), 34 (nn. 72, 73), 43

Racine, Jean, 12, 27 (et n. 53), 33 (et n. 69), 34 (et n. 71)
Raphaël, archange, 18 (n. 35)

Ravaisson, Félix, xi, xvi
Reid, Thomas, xi, 32 (n. 65)
Rémusat, Charles de, 32 (n. 65)
Renan, Ernest, x (et n. 7), xi
Renouvier, Charles, xi (et n. 12)
Rondelet, Jean-Baptiste, xxiv, 16 (n. 29)
Rosanvallon, Pierre, xxi (et nn. 41, 42), xxvii (n. 66), 44
Roth, Charles, xxv (n. 56)
Roulin, Alfred, xxv (n. 56)
Rousseau, Jean-Jacques, xxi, xxvii, 31 (n. 64)
Roux-Lavergne, Prosper, xi (n. 15)
Royer-Collard, Pierre-Paul, x, xvi, 32 (n. 65)

Sagnes, Guy, xxvi (n. 60)
Saint-Simon, Henri de, xi, xxi
Sainte-Beuve, Charles-Augustin, xiii
Sand, George, pseudonyme d'Aurore Dudevant (q.v.)
Scheffer, Éd., 8 (n. 9)
Schubert, Franz, 12 (n. 18)
Scott, Walter, 8–9, 8 (n. 9)
Senancour, Étienne de, xxv
Sénèque, 26 (n. 50)
Shaftesbury, Anthony Ashley Cooper, Lord, 32 (n. 65)
Shakespeare, William, 27 (et n. 54)
Sidney, Algernon, 17
Siméon le Stylite, 7 (n. 4)
Smith, Adam, 32 (nn. 65, 67)
Socrate, xvi, 12
Soufflot, Jacques-Germain, xxiv, 16 (n. 29)
Staël, Germaine de, xvi, xix (n. 39), xxiii (et n. 48), xxvi, 17 (n. 31), 20, 27 (et n. 55)

Stendhal, pseudonyme d'Henri Beyle (q.v.)
Stewart, Dugald, xi, 32 (n. 65)
Sue, Eugène, xiii
Synésios de Cyrène, 9 (n. 10)

Theis, Laurent, 44
Thésée, 13
Thierry, J.-J., 14 (n. 25)
Thiers, Adolphe, xiii
Thureau-Dangin, Paul, xxii (n. 44), 44
Tocqueville, Alexis de, xxix, 43
Töpffer, Rodolphe, xiii, 17 (n. 32)
Tudesq, André-Jean, 43

Vénus, 4, 5, 6
Vermeren, Patrice, 44
Viallaneix, Paul, 19 (n. 38), 44
Vico, Giambattista, xi
Vigier, Philippe, 44
Vigny, Alfred de, xxviii
Virgile, 14 (et n. 23), 23 (et n. 42)
Vitellius, Aulus, empereur, 13 (et n. 21)
Voltaire, pseudonyme de François-Marie Arouet (q.v.)
Vulcain, 5

Washington, George, xxiv
Welch, Cheryl, 44
Welvert, Eugène, xii (n. 30), xiv (et n. 31)
Wright, Barbara, ix (nn. 4, 5), xii (nn. 22, 23)
Wundt, Wilhelm, 32 (n. 65)

Zeus, 23 (n. 44)

TABLE DES MATIÈRES

	PAGE
Remerciements	vii
Introduction	ix
Le Spiritualisme métaphysique	xvii
Le Spiritualisme laïc	xix
L'Ambition et l'héroïsme	xxii
L'Individualisme	xxvi
Note liminaire	1
Du Spiritualisme et de quelques-unes de ses conséquences	
Texte 1	3
Texte 2	21
Annexe I	37
Annexe II	39
Annexe III	41
Bibliographie sélective	43
Index des noms de personnes	45

MHRA Critical Texts

This series aims to provide affordable critical editions of lesser-known literary texts that are not in print or are difficult to obtain. The texts will be taken from the following languages: English, French, German, Italian, Portuguese, Russian, and Spanish. Titles will be selected by members of the distinguished Editorial Board and edited by leading academics. The aim is to produce scholarly editions rather than teaching texts, but the potential for crossover to undergraduate reading lists is recognized. The books will appeal both to academic libraries and individual scholars.

Malcolm Cook
Chairman, Editorial Board

Editorial Board

Professor Malcolm Cook (French) (Chairman)
Professor Derek Flitter (Spanish)
Professor David Gillespie (Slavonic)
Professor Catherine Maxwell (English)
Dr Stephen Parkinson (Portuguese)
Professor Brian Richardson (Italian)
Professor Ritchie Robertson (Germanic)

www.criticaltexts.mhra.org.uk

www.ingramcontent.com/pod-product-compliance
Lightning Source LLC
Chambersburg PA
CBHW071514150426
43191CB00009B/1525